10시 30분 행복이 시작됩니다

: 롯데백화점 서비스혁신팀 지음 :

Lovely Life, 당신의 삶을 더 사랑스럽게!

당신의 삶을 더 사랑스럽게! 롯데백화점의 새로운 슬로건인 'Lovely Life'에는 고객의 삶에 행복한 경험을 제공하여 풍요로움과 사랑의 가치를 더하겠다는 약속이 담겨 있습니다. 매일 롯데백화점을 찾는 고객들이 직원들의 작은 눈맞춤 인사와 응대 하나하나에서 즐거움과 행복함을 찾고, 다시 찾고 싶은 백화점이 되기를 바랍니다.

창업주인 신격호 회장님이 어느 백화점을 방문했을 때의 일입니다. 회장님이 내려오셨다는 말을 들은 점장이 안전을 위해 사람들을 비키게 하였습니다. 그것을 본 신격호 회장님은 점장을 불러 호되게 야단을 쳤습니다.

"내가 높은 사람인가? 고객이 높은 사람인가? 여기서 제일 높은 사람은 자네가 비키라고 한 고객이네. 나는 높은 사람이 아니야. 나는 고객이 불편함이 없는지 보러 온 것이고, 그것만 보면 되는데 받들어 모셔야 할 고객을 비키라고 한 것이 말이 되는가?"

창업주부터 오랜 시간 전해 내려온 롯데백화점의 서비스 정신은 이렇게 고객을 중심에 두고 있습니다. 저희들에게 중요한 것은 언제나 고객의 행복이었으며, 롯데백화점의 모든 임직원들은 그러한 가치를 실현하기 위해 끊임없이 노력하고 있습니다. 고객의 입장에서 생각하고, 배려하는 서비스야말로 롯데백화점을 성장시키는 원동력이기 때문입니다.

1979년 소공동에 롯데쇼핑센터(롯데백화점 본점)가 처음 개상했습니다. 그리고 36년의 시간이 지난 2015년 현재, 롯데백화점은 국내 48개점(1월 기준), 해외 9개점을 운영하고 있습니다. 명실상부한 글로벌 컴퍼니로 도약해 가고 있는 것 입니다. 그동안 대한민국에 수많은 백화점들이 태어나고 사라지기도 했습니다. 하지만 롯데백화점은 '고객중심'의 가치를 바탕으로 꾸준한 성장을 거듭했습니다.

'서비스'는 시간이 지나도 변하지 않는 차별화된 경쟁력입니다. 탁월한 서비스로 오랫동안 고객과 관계하며 쌓은 신뢰는 오히려 시간이 지남에 따라 더욱 단단하게 결속되어, 무형의 가치를 형성합니다. 단순히 자본을 투자하여 흉내 낼 수 없는 소중한 자산인 것입니다.

이제 롯데백화점은 4년 연속 다우존스 지속가능경영지수DJSI 유통부문 세계 1위에 선정되고, 12년 연속 국가고객만족지수NCSI 백화점 부문 1위를 달성하는 등 명실상부 유통 서비스를 선도하는 기업이 되었습니다.

이 책에는 유통 서비스를 선도하는 기업으로서 롯데백화점 직원들의 따뜻한 이야기들과 모든 서비스인들에게 도움이 될 수 있는 현장 노하우를 담았습니다.

　오늘의 롯데백화점이 있기까지 변함없이 저희를 사랑해주신 고객님께 감사드립니다. 그리고 오늘도 현장에서 서비스 가치를 실천하고 있는 롯데백화점 가족들과 협력업체의 임직원분들께 마음 깊은 응원을 보냅니다.

　　　　　　　　　　－ 롯데쇼핑(주) 대표이사 사장 이원준

안녕하십니까? 롯데백화점입니다

매일 아침 10시 30분, 웅장한 개점음악과 함께 백화점의 문이 열리고 직원들은 밝은 미소로 인사를 합니다. 상상만 해도 입꼬리가 올라가며 행복해지는 순간입니다.

안녕하십니까? 저는 36년 동안 매일 '10시 30분'에 설레는 마음으로 고객을 기다려온 롯데백화점입니다. 만나서 반갑습니다. 이 책을 통해 저는 서비스에 대한 저의 진심 어린 마음과 훌륭한 직원들의 서비스 이야기를 전해드리고자 합니다.

롯데백화점이 태어났을 무렵만 해도, 서비스에 대한 고객들의 요구는 그리 크지 않았습니다. 단지 질 좋고 합리적인 가격의 상품을 준비해 드리는 것이 유통의 제1과제였습니다. 하지만 유통 환경이 빠르게 변화하면서 고객들은 점점 더 많은 것들을 원하셨습니다. 좋은 상품과 쾌적한 환경은 물론, 재미있는 행사와 이벤트들도 고객들은 이제 일상적으로 여기게 된 것입니다.

이렇게 높아진 고객님들의 기대를 충족시키기 위해 저는 매일매일 최고의 서비스로 재무장하게 되었습니다. 고객님이 백화점에 들어서는 순간부터 떠나는 순간까지 어떻게 하면 더 행복한 경험을 드릴 수 있을까? 고민하였습니다.

먼저 저는 고객님의 이야기를 더 잘 듣기 위해 고객 소통을 강화했습니다. 고객상담실과 VOCVoice Of Customer 시스템을 통해 고객의 불만과 문의사항을 실시간으로 전 직원이 공유하고, 페이스 북이나 카카오톡 플러스 친구 등의 SNS 채널을 통해 고객과의 거리를 더욱 좁혔습니다.

또한 다양해진 고객군에 맞는 서비스를 위해 많은 연구와 교육을 진

행하였습니다. 유아동 고객부터 시니어 고객까지 다양한 연령대에 맞는
서비스는 물론, 몇 년 사이 급증한 요우커_{중국인 관광객} 고객에 맞는 응대서
비스 개발을 위해서도 많은 노력을 기울였습니다. 각각의 고객군을 분석
하여, 2012년부터는 업계 최초로 '고객 / 상품군별 맞춤 서비스'를 시작
했습니다(2013 저작권 등록). 즉, 영고객 / 시니어고객 / 남성고객 / 외
국인고객 등과 같이 세분화된 고객군에 맞는 배려 깊은 서비스를 제공해
드린 것입니다.

  시간이 지나며 '백화점'에 집중되어 있던 업태는 '영플라자', '에비뉴
엘', 아울렛', '쇼핑몰'과 같이 여러 모습으로 확대되었습니다. 2013년부
터는 그런 업태 다양화에 맞게 서비스도 차별화해 나갔습니다. 젊은 고객
들이 많이 찾는 영플라자, 고가의 상품을 많이 찾는 에비뉴엘, 주말에 가

족과 함께 즐길 수 있는 아울렛을 찾는 고객의 니즈needs는 모두 달랐기 때문입니다.

때로는 이런 변화들이 너무도 빠르게 일어나 허둥대는 순간도 있었습니다. 하지만 그러한 순간에도 절대 잊을 수 없던 소망은 저를 찾아주시는 여러분들이 조금 더 행복해졌으면 좋겠다는 바람이었습니다. 아무리 시간이 지나고, 바빠진다고 해도 고객 여러분이 더 행복하게 쇼핑을 하실 수 있게 도와드리고 싶습니다.

이 책에서 여러분께 들려드리는 이야기들을 통해 그런 제 마음을 조금이라도 전해지기를 바랍니다. 지금까지 그래왔던 것처럼 앞으로도 곁에서 사랑으로 지켜봐 주시기 바랍니다. 고맙습니다.

－ 언제나 고객의 곁에서, 롯데백화점 드림

목 ｜ 차

chapter 1

신뢰 고객과의 약속은 반드시 지키겠습니다

배려 고객의 입장을 먼저 생각하겠습니다

진정성 고객을 마음으로 응대하겠습니다

신뢰

고객과의 약속은
반드시 지키겠습니다

고객과의 약속은
반드시 지키겠습니다

도시 한복판에 위치한 백화점은 항상 같은 자리에서 고객을 기다린다. 어느날 갑자기 사라지거나 자리를 이동하는 일도 없다. 그렇기 때문에 고객과의 약속을 더욱 중요하게 생각하고, 순간의 이익을 위해 믿음을 저버리지 않아야 한다.

신뢰할 수 있는 서비스는 하루아침의 선언이나 제도 수립으로 이루어질 수 없다. 석회동굴에서 물이 한 방울씩 떨어져 거대한 석순이 자라나듯, 직원 한 사람 한 사람의 꾸준하고 변함없는 모습이 신뢰를 만들어 내는 것이다. 그렇게 형성한 신뢰의 가치는 시간이 지날수록 더욱 단단히 굳어져 고객감동의 반석이 된다. 그렇다면 고객들의 마음에 어떻게 신뢰의 씨앗을 뿌리고 키워낼 수 있을까?

01
신뢰 형성 :
승부의 순간들

고객이 매장에 진열된 상품을 보고 안으로 들어온다. 직원의 첫인사를 받으며 입장한 고객은 인사를 건넨 직원의 얼굴과 표정, 옷 입은 모습을 살짝 스쳐볼 것이다. 눈길을 사로잡았던 상품을 한번 들어 올려 재질을 살펴보고, 옆에 걸려있는 상품도 살짝 들추어 몸에 대어본다. 이 짧은 순간 동안 승부는 끝난다. 이제 고객은 매장에 머무르며 쇼핑을 지속하거나, 미련 없이 다른 매장으로 발걸음을 옮길 것이다.

아쉽게도 고객이 우리에게 허용하는 시간은 그리 길지 않다. 길게 보아도 30초를 넘지 않을 것이다. 고객은 짧은 시간 동안 상품과 매장의 서비스에 대해 쉽게 파악할 수 있다. 마음에 들지 않으면 바로 옆의 매장으로 쉽게 건너갈 수도 있다. 몇 걸음만 떼면 바로 옆의 매장에도 좋은 상품들과 친절한 직원이 자신을 기다리고 있기 때문이다.

스칸디나비아항공SAS: Scandinavian Airlines의 얀 칼슨 전회장은 'MOTMoment of Truth, 진실의 순간'라는 개념을 사용하여 초기 응대의 중요성을 강조하였다. 기업에 대한 이미지와 호감은 고객과 직원이 만나는 순간들의 무수한 반복으로 결정되기 때문에, 고객을 최초 응대하는 15초가 결국 기업의 운명을 결정한다는 것이다. 이 찰나의 순간, 고객에게 신뢰를 형성할 수 있는 방법은 생각보다 대단하거나 특별한 일이 아니다.

"서비스인의 첫인상"

미국의 심리학자 알버트 메러비안Albert Mehrabian 교수는 첫인상을 결정지을 때나 의사소통을 할 때 비非언어적인 커뮤니케이션의 중요성을 강조했다. 그는 서로 대화하는 사람을 관찰한 결과, 상대방에게 내용을 이해시킬 때나 상대방이 어떤 인물인가 판단하는 데 있어서 용모, 표정 등의 시각적 영향력은 55%로 가장 큰 부분을 차지하고, 말투와 어조 같은 음성 언어가 38%, 말의 내용이 7%를 차지한다고 발표하였다.

우리는 대화를 할 때에 효과적으로 내용을 전달하기 위해서 많은 노력을 기울이고 있지만, 그런 노력이 나의 첫인상을 결정하는 데에는 겨우 7%에 불과한 영향을 주고 있다는 의미이다. 첫인상을 결정하는 외모와 말투(단정한 용모와 밝은 미소)는 서비스인에게 아무리 강조해도 부족하지 않을 것이다.

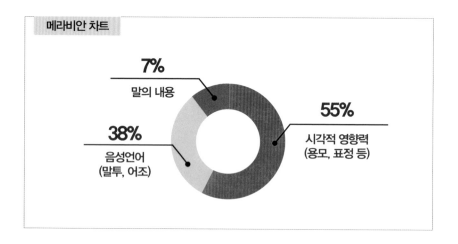

메라비안 차트

7%
말의 내용

38%
음성언어
(말투, 어조)

55%
시각적 영향력
(용모, 표정 등)

① 마음으로 먼저 웃는 '뒤센미소'

'뒤센미소'란, 1800년대 프랑스의 심리학자 뒤센이 관찰한 미소(1862년에 출간된《표정의 문법》에 수록)로 도저히 인위적으로 만들 수 없는 '자연미소' 또는 '천연미소'를 말한다. 입술과 함께 눈가의 근육이 움직이고, 뺨 근육이 당겨 올라가면서 눈이 가늘어지고 눈꼬리에 주름이 잡힌다. 꽃을 바라보는 아이의 환한 얼굴을 본 적이 있는가? 아름다운 풍경이나 꽃을 볼 때, 뒤센미소가 가장 활발하게 나타나게 된다. 이와 반대되는 개념은 '팬암미소'이다. 보잉747로 유명하던 미국 항공사 팬암의 직원들이 입꼬리만 살짝 옆으로 벌려 인위적으로 만든 미소에서 유래된 개념이다.

일상적으로 생활하며 뒤센미소를 지을 수 있는 상황이 얼마나 있을까? 모르긴 몰라도 무표정하거나 인상을 쓰며 서있는 시간이 더욱 많을 것이다. 우리는 때로 미소를 흉내 낼 수 있지만, 억지로 만들어 낸 미소는 보는 사람을 내심 불편하고 어색하게 만든다. 결국 고객을 진심으로 배려하고 소중하게 생각하는 마음이 '진짜 미소'를 만들어 내는 것이다.

사람들은 얼굴과 몸매, 옷차림과 작은 액세서리 하나까지도 돋보이려 신경 쓰지만, 정작 표정에 대해서는 간과하는 경향이 있다. 억지미소를 짓고 있거나, 무표정하게 있는 사람과는 오랜 시간 이야기하고 싶지 않다.

시간이 지날수록 불편한 마음이 커져서 빨리 용무를 마치고 자리를 떠나고 싶어진다. 반면 미소를 띠고 인사하는 직원을 보면 어느새 나까지 따라 기분 좋은 미소를 짓게 된다. 상대방의 미소를 계속 지켜주고 싶고, 대화도 부드러워질 수밖에 없다.

② 눈맞춤으로 전하는 호감

다른 사람과 눈맞춤이 어색한 순간을 경험해 본 적이 있지 않은가?

눈을 마주치며 이야기하는 자세는 우리나라에서 때로는 불편하게 받아들여지기도 한다. 아침 드라마에는 종종 "어른 앞에서 눈을 똑바로 쳐다보며 이야기하니? 가정교육을 대체 어떻게 받은 거야?"라고 말하는 장면이 나온다. 눈을 바라보며 이야기했다고 집안의 가정교육까지 언급되다니! 다른 나라에서는 어떨까? 서구 문화권에서는 대화할 때에 서로 눈을 마주보는 태도를 관심과 존중의 표현으로 받아들인다.

미국의 철학자 랄프 왈도 에머슨(1803~1882)은 "사람의 눈은 혀만큼이나 많은 말을 한다. 게다가 눈으로 하는 말은 사전 없이도 전 세계 사람 누구나 이해할 수 있다."라고 말했다. 눈을 마주치지 않는 사람은 뭔가를 숨기거나 떳떳하지 못한 사람이라고 인식하기도 한다. 왜 우리나라와 서양의 인식이 이렇게나 다를까?

이유는 눈맞춤과 함께 이루어지는 '표정'에서 찾을 수 있다. 호감을 전하는 대화에서 눈맞춤은 밝은 표정과 함께 이루어져야 한다. 내면의 따뜻한 감정을 자연스럽게 얼굴로 드러내는 것이다. 무표정한 얼굴로 상대방의 눈을 바라본다면, 받아들이는 사람의 입장에서는 '상대방이 화가 나 있는 것은 아닐까?' 하는 오해를 할 수 있다. 자신의 감정을 표현하는데 인색하고, 표정이 단조로운 우리나라 사람들이 눈맞춤을 불편하게 여기는 이유는 여기에 있다. 사진관에 가면 사진사가 항상 하는 말을 가슴에 새겨보자.

"웃으세요. 가만히 있으면 화난 사람 같습니다. 하하하."

고객과의 눈 마주침은 고객이 매장에 들어오는 순간부터 시작되어야 한다. 눈을 마주치며 인사하는 것은 '고객님이 들어오시는 것을 확인했습니다. 제가 친절하게 도와드리겠습니다.'라는 무언의 표현이다. 눈을 마주치지 않는 인사는 고객에게 '귀찮음', '회피', '무관심'의 뜻으로 해석될 수 있다. 고객이 상품에 대하여 문의를 할 때에도 밝은 표정으로 눈을 마주치며 응대하자.

③ 신뢰받는 용모와 복장의 조건

"용모와 복장이 잘 갖추어진 사람은 그 사람의 내면을 보려고 하지만, 용모와 복장이 잘 갖추어지지 않은 사람은 자꾸만 그 사람의 외모만 보게 된다."

세계적인 디자이너 가브리엘코코 샤넬(1883~1971)의 어록 중 하나이다. 용모와 복장이 잘 갖추어져 있다는 것은 단지 비싸고 유명한 브랜드의 의류를 착용했다는 것이 아니다. 아무리 비싸고 좋은 옷과 스타일링도 시간과 장소, 상황에 맞지 않는다면 역효과를 불러올 뿐이다.

2013년 몸매의 굴곡이 드러나는 과감한 패션을 즐겨 입던 한 방송인이 장례식장에 화려한 원피스와 액세서리를 착용하고 등장해 질타를 받은 해프닝이 있었다. 여론의 비난이 있은 후, 뒤늦게 '방송을 끝내고 급히 장례식장을 방문하느라 복장에 신경 쓰지 못했다'라며 해명했지만, 이미 그 방송인의 이미지는 크게 실추된 후였다.

좋은 용모와 복장은 T.P.O, 즉 Time시간, Place장소, Occasion상황에 맞게 스타일링이 되어야 한다. 고객과 만나는 '서비스'를 업으로 하는 백화점 직원들 역시 마찬가지이다. MVG롯데백화점 우수고객 라운지에서 우수고객들을 응대하는 직원들은 단정하고, 라운지의 품격에 맞는 세미 정장의 복장과 구두가 적합할 것이다. 아웃도어 매장에서 상품을 판매하는 직원은 해당 브랜드의 특징을 가장 잘 나타낼 수 있는 아웃도어 복장과 등산화가 좋은 유니폼이 될 것이다. 각자가 근무하는 환경에서 어떤 모습이 가장 자연스럽고 고객에게 좋은 인상을 줄 수 있는지 생각해보자.

④ 새로운 관계의 시작 'Small Talk'

매일 가는 식당과 카페의 직원들, 새벽마다 찾아오는 신문 배달사원. 출근 시간마다 아파트 엘리베이터에서 마주치는 이웃 사람들. 생각해보면 가족만큼 자주 얼굴을 마주하고 인사하지만, 그들과 우리 사이에는 '관계'라 할 만한 것이 없다. 관계는 인사 후에 건네는 한마디 'Small Talk'에서 시작된다. 출근시간마다 엘리베이터에서 마주치는 이웃에게 "안녕하세요. 자주 뵙네요?"라고 한마디를 더 건네보자. 대화는 자연스레 둘의 겹치는 출근시간으로 확장될 것이다. 다음에 또 엘리베이터에서 마주치게 된다면 서로의 직장 위치나 동료 이야기, 사내 이슈에 대하여 대화를 나눌 수도 있을 것이다. 사람과 사람의 관계는 인사 후의 한마디 'Small Talk'에서 시작된다.

"안녕하십니까? 고객님."이라는 인사 뒤에 어떤 한마디를 붙일 수 있을까? 예쁜 아이의 손을 잡고 매장에 들어온 엄마 고객에게는 "아이가 엄마를 쏙 빼어 닮아서 너무 예뻐요."라고 칭찬할 수 있다. 상대방이 자신과 동년배라면 육아에 대한 이야기를 서로 나누어 볼 수도 있을 것이다.

무더운 여름날 땀 흘리며 매장에 들어온 고객에게 "안녕하세요. 고객님, 날씨가 많이 덥죠. 시원한 물 한잔 드릴까요?"라고 말해보면 어떨까? 더운 날씨에 짜증나고 답답했던 마음이 직원의 말 한마디에 저 멀리 날아가지 않을까?

세심한 마음이 담긴 말 한마디가 관계의 문을 여는 열쇠가 된다.

"몸으로 하는 이야기, 신체 언어"

몸동작은 언어만큼 많은 의미를 담고 있고, 때로는 말 한마디 없이도 상대방에게 강렬한 인상을 심어 줄 수 있다. 스포츠에서 경기가 생각처럼 풀리지 않을 때 감독이 무거운 표정으로 팔짱 끼는 장면을 볼 수 있다. 고함을 지르지 않아도 우리는 그가 초조하고 화가 났다는 것을 느낄 수 있다. '저 선수는 경기 전 수없이 이야기했던 전략을 완전히 잊어버린 듯하군!'이라고 생각할 수도 있고, 또는 불공정한 심판의 판정 때문에 심기가 불편할 수도 있다.

우리의 마음상태는 얼굴과 몸의 여러 가지 신호들을 통해 자연스럽게 표현된다. 이야기하는 도중 눈이 커지고, 몸이 상대방 쪽으로 기울어진다면 그것은 상대방에게 호감이나 흥미를 가지고 있다는 무언의 증거이다. 동공이 작아지고 몸을 의자 쪽으로 기댄다면 정반대의 상황일 것이다. 고객과의 대화에서도 무의식적으로 드러나는 긍정과 부정의 신체언어들이 있다. 고객 앞에서 우리의 몸이 어떤 이야기를 하고 있는지 세심한 주의가 필요하다.

① 코가 간질간질, 피노키오 효과

'르윈스키와 관계는 없다There is no relationship with Rewinsky' TV 대담 프로그램에서 스캔들에 관한 질문이 나오자 빌 클린턴 전 미국 대통령이 대답했다. 'There is'라는 현재형 표현으로 교묘하게 위증을 피한 것이었지만, 엄연한 거짓말이었다. 흥미롭게도 클린턴은 자신의 여비서 르윈스키를 성추행하지 않았다는 연설 중에 코를 33번 만지는 행동을 했다. 클린턴은 왜 자신의 코를 만졌을까?

거짓말을 할 때, 상승한 혈압은 코안의 조직을 팽창하게 만들고, 신경을 가렵게 만든다. 그렇기 때문에 손으로 코를 만지는 무의식적 행동을 하게 되는 것이다. 거짓말을 할 때마다 코가 길어지는 피노키오의 이야기는 현대에도 여전히 적용되는 듯하다.

옷의 목둘레를 잡아당기며 목을 쭉 빼는 행동도 마찬가지이다. 거짓말을 할 때에는 혈압이 상승하며, 옷이 조르고 있는 목 근처에 땀이 나기 때문에 무의식적으로 이러한 행동이 나오게 된다.

② 팔짱을 낀 자세, 분노의 주먹과 방어의 보자기

"이 부분 다시 한번 설명해 보세요."라는 말과 함께 보고받던 상사가 책상에 몸을 기대며 팔짱을 낀다. 고개는 살짝 숙였고, 아래턱에 다소 힘이 들어가 있다. 두 손은 굳게 주먹을 쥔 상태이다. '어려운 의사결정이어서 신중하게 생각하시는 것일까?' 부하직원은 상사의 대답을 기다리며 우두커니 서있다. 어서 보고서류를 회수해 그 자리를 벗어나는 것이 현명할 텐데 말이다.

주먹을 쥐고 팔짱 낀 자세는 화가 난 마음을 억누르는 자세이다. 또는 상대방에게 불만이 있지만 가까스로 억누르는 심리 상태를 반증한다. 주먹을 쥐고 팔짱을 낀 상대방 앞에서는 당장 대화하는 것을 피하는 것이 좋다. 부득이한 경우라면 보다 조심스럽게 접근하고, 작은 말 한마디도 실수하지 않도록 주의해야 한다. 무언가를 부탁하는 이야기는 다음 기회를 찾아보는 것이 좋다.

손바닥을 펴고 팔짱을 낀 자세는 어떨까? 주먹을 쥔 자세와 달리 손바닥을 편 자세는 '방어'의 의미를 가진다. 상대방에 대하여 수동적 입장을 취하는 신체언어이다. 대화를 할 때 상대방이 손바닥을 펴고 팔짱을 낀다면 '한번 이야기해 보세요. 일단 설명을 들어보고 판단하겠습니다.'라는 의미이고, 협상 시 주먹을 쥔 팔짱 자세는 '이 협상에서 양보할 생각이 없다. 불리한 조건을 수용할 의사가 없다.'는 심리를 나타낸다.

③ 쩍벌남과 다리를 꼬아 앉는 여성

'쩍벌남'이라는 말이 있다. 지하철에서 다리를 쫙 벌려 앉아 옆 사람에게 불편함을 주는 남성을 일컫는다. 행동심리학적으로 남성은 자신을 크게 보이고 싶어하는 경향이 있다. 목욕탕에서 어깨를 쭉 펴고 양쪽에 팔을 걸치는 행동이나, 지하철에서 다리를 넓게 벌려 자신의 공간을 최대한 확보하는 모습이 전형적이다. 하지만 상대방에게 정중하고 신뢰감 있는 느낌을 전달하기 위해서는 적당한 보폭으로 서거나 앉는 것이 좋다. 보폭이 어깨 넓이를 넘어가는 만큼 우리의 품격은 떨어지게 된다는 것을 기억하자.

반대로 여성은 몸을 움츠리는 경향이 있다. 서거나 앉아있는 자세에서 무의식적으로 다리를 꼬기도 한다. 몸을 작게 보이며 다리를 꼬아 앉거나 서 있는 자세는 여성의 방어적 심리를 표현하는 것이다.

"응대 거리의 황금률"

러시아워에 만원 지하철을 탑승했다고 생각해보자. 옆으로 조금만 움직이면 다른 사람과 어깨가 부딪칠 것 같고, 바로 앞에는 어느 여성의 뒤통수가 보인다. 사람과 사람의 거리는 가까울수록 좋다고 막연히 생각할 수 있지만, 각자의 사람들에게는 편안하게 느끼는 적절한 '거리의 황금률'이 있다. 그 거리를 무시하고 마음이 충분히 열리지 않은 상태에서 타인의 공간에 들어가는 것은 서로에게 불편한 경험이 될 수 있다. 미국의 에드워드 T. 홀은 사람과 사람 사이의 거리를 연구하고, 다음과 같이 정리했다.

① 친밀한 거리(0~45cm)

가족, 애인, 각별한 친구와 같이 오랜 시간 깊은 유대를 가지고 있는 사람 사이의 거리이다. 손을 조금만 뻗어도 상대방과 닿을 수 있기 때문에 신체접촉도 빈번하게 일어나며, 작은 목소리로 이야기해도 상대방이 쉽게 들을 수 있다.

② 개인적 거리(46~120cm)

친구, 직장동료와 같이 빈번하게 만나고 교류하는 관계의 거리이다. 자연스럽게 악수가 가능한 거리이며, 약간의 움직임으로 그 이상의 신체 접촉도 가능하다. 이 거리에서는 상대방의 신체가 전체적으로 눈에 들어오지는 않고, 얼굴과 상반신 정도가 포커스 된다.

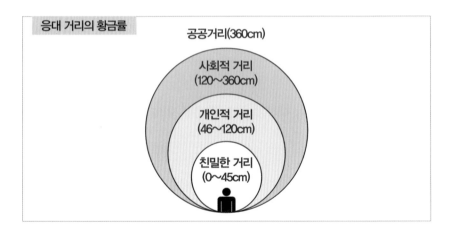

③ 사회적 거리(120~360cm)

각종 모임의 비정기적 인간관계나 공식 협상 테이블에서 만나는 사람들과의 거리이다. 상대방의 외모나 작은 표정 변화에 대하여 세세하게 파악하기는 어렵고, 전체적인 느낌이나 인상 정도를 파악할 수 있다. 개인적인 거리보다 더욱 큰 목소리로 이야기하게 된다. 뉴스에 나오는 판문점 남북 대표단 회담의 넓은 테이블 거리를 생각해 볼 수 있다.

④ 공공 거리(360cm)

강의 시 대학교수와 학생들의 관계, 연설자와 청중들의 관계처럼 일대다의 관계일 때 형성되는 거리이다. 비교적 큰 목소리와 과장된 신체언어 등 다양한 수단을 사용하여 적극적으로 커뮤니케이션을 해야만 화자의 이야기가 청자들에게 전달될 수 있다.

"신뢰를 주는 말의 모습"

정우성은 영화 '비트'이후 샤프한 도시 남자의 이미지가 강했다. 하지만 2003년 개봉했던 영화 '똥개'에서 그는 특유의 느려터지고, 어눌한 경상도 사투리를 구사하는 주인공 '차철민' 역할로 변신에 성공했다. 허름한 옷을 입고 있어도 정우성의 얼굴은 여전히 빛났지만, 그의 연기 색을 바꾼 것은 9할 이상이 그의 말투였다.

말에도 맵시가 있다. 사무적이고 딱딱한 말투가 있는가 하면, 물 흐르듯 자연스럽고 세련된 맵시의 말투도 있다. 톡톡 튀는 말투, 따라가기 힘들 만큼 빠른 말투, 입 모양만 봐도 속이 답답해질 정도로 어눌한 말투 등 사람의 얼굴만큼이나 말투는 다양하다. 고객에게 신뢰를 주는 말은 어떤 모습을 하고 있을까?

가장 중요한 말의 맵시는 '자신감'이다. 자신감을 담아 풍부한 성량과 편안한 속도로 이야기할 때 고객에게 신뢰를 줄 수 있다. "고객님, 이 상품은 ○○이구요~." 또는 "그 상품이요? 사이즈가 남았나……"와 같이 끝을 흐리거나 늘어지는 말투는 응대하는 사람의 전문성이 부족하다는 인상을 줄 수 있다. "아~.", "음~."과 같이 의성어를 남발하는 말투도 마찬가지이다. 마음에 있는 것을 솔직하게 말하지 않고, 무언가 꿍꿍이가 있는 듯한 느낌을 줄 수 있다.

은어와 속어를 남발하거나 억양이 지나치게 강한 사투리 표현들을 아무런 의식 없이 사용하는 언어습관도 경계해야 한다. 일상생활 속에서 자연스럽게 사용하는 표현일지라도 고객 앞에서는 서비스 전문가로서 예의를 갖추어 세련되게 말하도록 습관화해야 한다.

"알고도 실수하는 엉터리 높임말"

고객 이 코트 95사이즈를 못 찾겠어요. 도와주실 수 있나요?

직원 네, 고객님. 죄송합니다만, 해당 상품은 현재 100사이즈 상품
만 남아 계십니다. 코트가 마음에 드셨다면, 본사에 주문해서
댁으로 배송해 드리겠습니다.

고객 네… 이 코트가 마음에 들어서 꼭 사고 싶어요. 오늘 먼저 결
제하고 집으로 상품을 배송해 주세요.

직원 네, 고객님. 상품은 이번 주 금요일까지 배송될 것 같습니다.
주소가 어떻게 되십니까?

고객 (거북한 표정을 지으며) 네… 주소는 ○○시 (후략)

매장에서 나온 고객은 온라인 불만관리voc 시스템에 직원의 잘못된
화법에 대하여 지적하는 글을 남겼다. 대체 어떤 부분에서 잘못된 것일
까? "100사이즈 상품만 남아 계십니다."나 "주소가 어떻게 되십니까?"와
같은 표현은 인격이 없는 사물을 높이는 잘못된 높임말 표현이다. '사물
존칭'의 엉터리 높임말은 잘 몰라서 사용하는 경우도 있지만, 고객에게
친절하게 응대해야겠다는 마음에서 습관적으로 사용하는 경우도 많다.
듣기에 거북한 잘못된 '사물존칭' 표현을 바로 잡아보자.

바른 높임말 찾기

1	죄송하지만, 고객님께서 문의하신 상품은 100 사이즈가 없으십니다.	O	X
2	고객님, 이 넥타이는 선물용으로 구매하시는 건가요? 그렇다면 포장해 드리겠습니다.	O	X
3	주문하신 봉골레 파스타 나오셨습니다.	O	X
4	주문하신 상품 다 합쳐서 52,000원이십니다, 고객님	O	X
5	천천히 둘러보시고, 찾으시는 물건 있으면 말씀해 주십시오.	O	X
6	여기 영수증 있으십니다. 즐거운 쇼핑 되십시오.	O	X
7	저런! 같이 오기로 한 친구분께서 다치셨다니, 걱정이 크시겠어요.	O	X
8	이 제품은 정말 많은 분들께서 찾으세요.	O	X

정답	1-x / 2-o / 3-x / 4-x / 5-o / 6-x / 7-o / 8-o

02

신뢰 유지 :
관계의 뿌리내리기

'열 길 물속은 알아도 한 길 사람 속은 알 수 없다'는 말이 있다. 사람의 마음은 여러 가지 사건과 환경 변화에 민감하게 영향을 받고 움직인다. 또한 각자의 마음 색깔이 모두 다르기 때문에 많은 시간과 에너지를 투자하지 않으면, 관계를 유지하고 발전시키기 어렵다. 주변을 조금만 둘러보면 어제까지 둘도 없는 친구였다가 사소한 일로 걷잡을 수 없이 관계가 악화되는 경우를 볼 수 있다. 그나마 이유라도 알면 다행이지만 영문도 모르고 관계가 어그러지는 경우도 있다. 기본적으로는 서로의 마음이 어긋났을 테고, 신뢰가 무너지는 사건이 있었을 수도 있다.

이러한 신뢰유지의 어려움은 고객과 직원의 관계에서도 동일하게 적

용된다. 기분 좋은 첫 응대로 고객과 형성한 신뢰를 장기적인 관계로 발
전시키고, 나의 충성고객으로 만드는 노하우는 무엇일까?

"고객과의 약속은 반드시 지키겠습니다"

신뢰를 한 문장으로 표현한다면 '약속을 지킨다'는 것이 가장 적절할
것이다. 큰일인지 작은 일인지는 중요치 않다. 순간의 손해를 감수해야
할지라도, 약속을 반드시 지키려는 모습에서 고객은 감동받고, 직원과 기
업에 애정을 가지게 된다. 고객과의 약속은 단지 고객의 얼굴을 보고 이
야기하는 약속만 해당되는 것이 아니다. 사실 백화점에서 이루어지는 대
부분의 서비스들이 고객과의 약속이라 할 수 있다.

① 상품과 서비스에 대한 기업의 약속

백화점에서 큰 행사가 시작되는 첫날에는 점마다 마케팅을 담당하는
직원들이(영업총괄팀) DMDirect mail과 신문에 실린 광고 판촉물을 들고
매장으로 내려온다. 판촉물에 노출된 특가상품과 할인율이 실제 매장에
서 준비한 것과 다름이 없는지, 혹시라도 잘못된 정보가 제공되지는 않았
는지 마지막 단계까지 확인하기 위해서이다. DM의 구석에 작게 나와 있

는 상품광고 하나도 고객과의 약속이다. 이 기간 중에 우리 백화점에 방문해주시면, '이렇게 좋은 상품을 합리적인 가격에 판매하겠습니다.'라는 백화점의 보증인 것이다.

세일 전 우수고객들에게 DM Direct mail 쿠폰북을 발송 드린다는 것도 고객들과의 약속이고, 백화점 매장에 들어서면 단정한 용모와 복장을 한 직원이 밝은 미소로 인사를 건넨다는 것도 백화점이 고객에게 드리는 약속이다.

더 나아가 고객들은 롯데백화점이 아닌 다른 백화점에서 일반적으로 시행되고 있는 서비스 약속들이 당연히 롯데백화점에서도 유효할 것이라는 믿음을 가지고 있다. 우리가 고객에게 직접 이야기하지 않았어도 고객이 백화점에 대하여 가지는 믿음 역시 '약속'이다.

② 직원과 고객 간의 약속

직원과 고객 간의 약속은 우리가 주의를 기울인다면 어렵지 않게 관리될 수 있으며, 또 반드시 그렇게 되어야 한다. 매일 확인하고, 약속을 지킬 수 있도록 모든 직원들이 함께 노력해야 한다.

서비스인이 고객의 기대에 잘 부응하면 좋겠지만, 직원의 서비스가 잘못된 경우 고객의 평가는 그 기업의 평판에까지 영향을 끼친다. 롯데백화점에서는 직원과 고객 간의 약속이 잘 지켜질 수 있도록 '약속관리

시스템'이라는 전산시스템을 도입하여, 약속 날짜가 임박한 경우 판매 직원과 관리자가 한눈에 알아보고 체크할 수 있는 시스템을 운영하고 있다.

하지만 때로는 약속을 지키지 못하는 경우도 생긴다. 모두가 실수 없이 일을 하려고 애쓰지만 문제는 어디에선가 생기기 마련이다. 약속을 못 지킨 사실을 알게 되거나 고객이 그 사실을 지적했을 경우, 우리가 제일 먼저 해야 할 일은 잘못을 솔직하게 인정하고 정중하게 사과하는 일이다. 약속을 지키지 못하는 것보다 경계해야 할 것은 고객과의 약속을 가볍게 여기는 것이다.

"언제나 한결 같은 서비스를 제공하겠습니다"

백화점에서의 고객서비스는 어느 한 접점에서만 이루어지지 않는다. 백화점에 들어설 때 마주치는 정문의 안내직원(또는 주차를 안내하는 직원), 쇼핑을 하며 들르는 여러 매장의 판매직원, 사은행사장의 직원 등 고객의 쇼핑 흐름에 따라 여러 접점에서 순차적으로 서비스가 이루어진다. 그 많은 서비스 접점 중 어느 한 곳에서라도 불만 요인이 발생하면 고객은 백화점의 전체 서비스에 대한 불만을 가지게 된다. 나의 작은 실수가 친절하게 응대를 잘한 많은 직원들의 노력을 한 순간의 물거품으로 만든다. 모든 직원이 일관성 있는 서비스를 제공해야 하는 이유가 여기에 있다.

이것은 백화점 전체가 아니라, 작은 매장 한 곳에서도 발생할 수 있다. 한 매장에서 A직원의 친절한 응대를 받고, 다시 그 매장을 방문했는데 B직원이 기대에 못 미치는 서비스를 제공한 경우가 한 번쯤은 있을 것이다. 당연히 친절하리라고 생각했던 기대심리가 무너질 때 고객은 더 큰 실망을 하게 된다. 그래서 일관성 있는 고객서비스가 중요하다.

접점과 직원이 바뀌어도 일관성 있게 좋은 서비스를 유지하기 위해서는 직원 모두가 같은 서비스 마인드를 가지고 현장에 서야 한다. 그러기 위해서는 조직의 서비스 목표와 가치가 명확히 서고, 널리 공유되어야한다. 서비스 접점의 사원부터 기업의 중역까지 동일한 가치를 공유하고, 고객 감동을 위해 함께 노력해야 한다.

"모든 고객을 소중하게 모시겠습니다"

화장품 매장에서 동일한 상품을 구매했는데, 내 앞에 구매한 사람은 샘플을 8개 받고, 뒤에 구매한 나는 5개를 받았다고 가정해보자. 비록 앞에 샘플을 8개 받은 사람이 매우 오랫동안 그 매장에서 구매해 온 우수고객이라는 것을 알았다 해도 괜히 손해 본 기분이 들 것이다. 집에 돌아가는 길에는 기분이 점점 나빠져 집에 도착해서 가족들에게 불평을 털어놓고, 두 번 다시 그 매장에서 화장품을 구매하지 않겠다고 다짐한다.

직원은 자신의 단골고객에게 차별화된 서비스를 해준다는 의도였지만, 일반 고객에게는 상대적 박탈감을 줄 수 있다. 이런 부주의는 결국 매장의 잠재고객을 잃는 역효과를 가져온다. 중요한 고객에게 특별한 서비스를 제공하는 것은 무척이나 중요한 마케팅이지만, 동일한 상황에서 응대한 일반 고객이 상대적으로 박탈감을 느끼게 해서는 안 된다. 위와 같은 경우 우수고객들은 사전에 DM 등을 미리 발송하여 샘플 교환 쿠폰을 증정하는 방식으로 차별화 마케팅을 할 수 있을 것이다.

고객 불만상황에서도 마찬가지이다. 유사한 불만상황에서, 매장에서 큰 목소리를 내는 고객과 조용히 개선을 요구하는 고객에게 서로 다른 기준을 적용해서는 안 된다. 상황마다 다른 기준을 적용하여 응대하게 된다면 결국 모든 고객들에게 신뢰를 잃게 될 것이다.

03

신뢰 회복 :
불만을 감동으로 극복하는 노력

오랜 시간 고객서비스가 몸에 베인 베테랑일지라도 수습하기 어려운 고객 불만상황이 발생하면 안절부절 못하여 이성적인 판단이 어렵다. 손에서는 식은땀이 나고, 머릿속으로는 '맙소사! 어쩌다가 이런 상황이 나에게 닥쳤을까? 도망치고 싶다.'라는 생각만 하게 된다. 애써 쌓아온 서비스인으로서의 자긍심과 고객과의 신뢰가 한 순간에 무너지는 것 같은 아찔한 경험일 것이다.

아무리 경험이 쌓여도 매 순간 어려운 것이 불만고객 응대 아닐까? 불만고객으로부터 마음의 상처를 받은 경험이 있는 서비스인은 오히려 경험이 많을수록 불만상황을 회피하려는 경향까지 발생한다. 하지만 서비스인에게 불만상황은 마치 숙명과도 같은 일이어서, 처음이자 마지막으로 경험해보고 싶은 상황도 종종 우리 앞에 벌어진다. 불만상황을 지혜롭게 대처하는 방법은 무엇일까?

"신뢰 회복의 골든타임"

생명이 위급한 환자의 심폐소생술CPR은 상황 발생 후, 최소 4분 내에 시행되어야 한다. 심폐소생술은 신체조직에 산소와 혈액을 공급하여 생명을 유지할 수 있게 하는 최소한의 방법이다. 심정지 상태에서 2분 내에 심폐소생술을 시행할 경우 소생률은 90%에 이르지만, 3분 내에 심폐소생술을 시행하는 경우는 75%, 4분 후에는 50%로 급감한다. 심정지 상태가 5분까지 경과하면, 소생률은 25%까지 떨어져 희망이 없어진다. 때문에 사고 발생 후 4분의 대응방법이 중요한 것이다. 이 때문에 우리는 한 명의 생명을 살리는데 결정적인 이 4분의 시간을 '골든타임'이라 부른다.

'골든타임'의 법칙은 불만고객 응대에도 동일하게 적용된다. 불만고객 응대를 좋아하는 직원이 어디 있을까? 걱정되고 불안한 마음에 불만을 접수받고도 연락하기 무서워 망설여지는 경우가 있다. 그런 망설임은 상황을 개선하는데 아무런 도움이 되지 않으며 오히려 고객의 불만을 악화시킬 뿐이다. 일정한 시간이 지난 후에는 아무리 적극적인 개선 노력을 해도 고객의 신뢰를 회복하기 힘들어진다. 응대하기 어려운 불만상황일수록 더욱 빠른 사과와 조치가 필요하다. 고객 신뢰를 회복하는 '골든타임'이 있기 때문이다.

불만상황이 발생한 경우, 고객이 보이는 감정 프로세스를 살펴보며 '골든타임'을 어떻게 이용해야 하는지 알아보자.

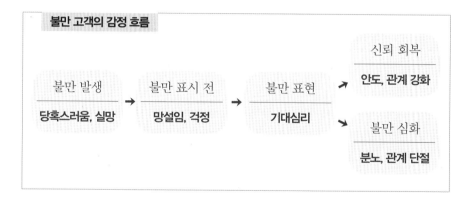

① 불만 발생 : 당혹스러움, 실망

'기대-불일치이론expectancy disconfirmation theory'에 따르면 고객만족과 불만족은 성과와 기대치의 차이에 의해 발생한다고 한다. 성과가 기대에 못미치는 경우 불만이 발생하고, 성과가 기대와 일치하거나 더 높은 경우 만족하게 된다는 것이다. 맛집이라고 소문난 식당에서 오히려 더 실망하는 일은 모두 경험해보지 않았을까? 백화점을 이용하는 고객들은 일반적으로 백화점에서 제공하는 서비스 수준에 대하여 기대심리를 가지고 있다. 좋은 서비스를 기대했던 고객이 잘못된 서비스를 받았을 때, 그것이 비록 작은 일일지라도 고객은 실망과 당혹스러움을 느끼게 된다.

② 불만 표시 전 : 망설임, 걱정

불만이 발생했을 때, 자신의 생각을 적극적으로 표현하는 고객은 그리 많지 않다. 불만의 원인이 구매한 상품인 경우보다 '직원의 서비스'인 경우 그러한 경향은 더욱 크다. 그냥 넘어갈 수도 있는 일에 대해 문제제기를 했다가 '내가 괜히 유별난 사람으로 비추어질까' 걱정되기도 하고, '내가 굳이 나서지 않아도 저 직원은 직장에서 좋은 평가를 받지 못할 거야.'라고 생각하기도 한다. 어느 경우든 고객이 직접 불만을 제기하기까지는 망설임의 순간을 가지게 된다.

③ 불만 표현 : 기대심리

불만을 말하기로 결정한 고객은 불만을 말하기 전에 망설임과 걱정을 정리하는 과정을 거친다. 그 와중에 직원이 잘못한 부분과 고객으로서 내가 마땅히 받아야 할 서비스에 대하여 생각하고 자신의 불만 표현에 스스로 합리성을 가지게 된다.

'나는 마땅히 ~한 서비스를 받아야 하지만 잘못된 서비스를 받았고, 즐거운 쇼핑을 방해받았어. 이것은 단지 직원만의 책임이 아니고 제대로 된 교육과 관리를 해야 할 백화점에도 책임이 있는 것 아닐까?'

고객은 불만 표현을 함으로써 정당한 사과를 받고 불만 요인이 개선 되기를 기대하게 된다. 이 단계의 고객 의사표현은 아직까지 개선 요구에 해당하게 된다. 비록 이전까지의 단계에서 신뢰를 잃었다 할지라도 백화 점의 후속조치에 따라 충분히 회복 가능한 단계이다. 신뢰 회복의 골든타 임은 지금부터 시작된다.

④ 직원의 초기대응 : 분노 또는 안도

직원의 초기 응대에 따라 고객의 감정흐름은 극단으로 나누어지게 된 다. 무성의하고, 회피하는 태도로 상황을 유야무야 넘기는 직원의 태도는 고객의 분노를 이끌어 낸다. 참고 있던 고객은 결국 '어떻게 하겠다는 거 죠?', '여기 관리자와 이야기하고 싶습니다.'라고 말할 것이다.

반면 잘못을 먼저 사과하고 도움을 드리려는 자세의 직원 응대는 불 만을 감동으로 극복하는 기적을 만들어 낸다. '즐겁게 쇼핑하러 오셨는 데, 기분 상하게 해드려 죄송합니다.'라는 사과의 말과 개선의 약속을 통 해 신뢰를 회복할 수 있다. 이때 사과의 표현은 굳이 세련되지 않아도 좋 다. 투박할지라도 진정성이 담긴 말이 좋다.

신뢰는 물 위에 떠있는 스펀지와 같아서 한번 가라앉은 고객의 신뢰는 시간이 지날수록 물을 머금어 밖으로 끌어올리기 더 어렵다. 신뢰 회복의 열쇠는 결국 '초기 응대'에 있는 것이다.

"신뢰 회복의 첫걸음은 경청이다"

때로는 성의 있는 자세로 고객의 이야기를 들어드리는 것만으로도 불만이 해결되는 경우가 있다. 문제가 발생했을 때 옳고 그름을 먼저 따지다가 오히려 문제가 더 커지고 감정이 상하는 경우를 흔히 볼 수 있다. 고객의 불만응대에 있어서 첫 응대에 가장 좋지 않은 방식은 책임소재를 가리며, 고객을 설득하려는 듯한 태도가 아닐까? 불필요한 말을 해서 고객에게 상처를 입히는 것은 물론 스스로 쌓아온 신뢰나 관계를 무너뜨리기도 한다. 내 논리를 앞세워 상대를 설득하려 하기보다 존중하는 마음을 바탕으로 고객의 마음에 돋아있던 가시부터 보듬고 나서야 다시 이야기를 시작할 수 있다.

때로는 원칙에 따라 일을 했음에도 고객이 문제를 제기하는 경우가 있다. 선착순 사은품을 준비했는데, 고객들의 반응이 좋아 예정보다 일찍 선착순 사은품의 증정이 마감되는 경우가 있다. 담당자는 원칙대로 일을 진행했지만, 일찍부터 사은품을 받으려고 백화점에 방문했던 고객은 불만을 표시할 수 있다. 이런 상황에서는 고객을 응대하는 직원의 태도가 서비스의 질을 좌우한다. 완고한 표정으로 고객의 불만을 흘려 넘기기보다는, 죄송스러운 표정으로 고객의 이야기를 경청하고 양해를 구하는 태도가 필요할 것이다.

"솔직함의 놀라운 힘"

주변에 친구가 많고, 사랑받는 사람들을 보면 한 가지 공통점이 있다. 바로 자신의 이야기를 숨김없이 들려주고 감정을 솔직하게 표현한다는 점이다. 내가 먼저 솔직해지면 상대도 자기 마음을 드러내게 된다. 솔직함이라는 덕목은 사람의 마음을 움직이는 힘을 가지고 있다. 특히 자신의 부족함이나 실수를 정직하게 인정하는 사람에게는 더욱 신뢰를 갖게 된다.

서비스에 있어서도 이런 솔직함은 큰 힘을 발한다. 어려운 일이지만 상황이 어려울수록 솔직한 응대는 빛을 발휘한다. 자신의 손해를 감수하면서도 솔직히 상황을 밝히고 실수를 인정하는 것은, 많은 용기와 서비스에 대한 곧은 가치관을 가지고 있을 때 가능하다. 대개 오랜 시간 우수사원으로 평가 받는 현장의 샵매니저들은 이런 부분을 잘 알고 있고, 스스로 모범이 되어 실천하고 있다.

당장의 눈가림은 순간을 모면하게 할 수 있지만, 오히려 더 큰 독이 될 수 있다. 솔직한 자세로 일하는 것이 오히려 고객 불만을 미연에 막고, 장기적으로 고객의 신뢰를 높이기 위한 조건이 된다.

이런 자세로 고객을 만날 때에야 비로소 우리를 사랑해주는 많은 고객들이 더욱 오랜 시간 함께 해주지 않을까?

할머니의 거스름돈

· 부산본점 고객상담실 김현정 사원 이야기 ·

1월의 겨울치고는 햇살이 따뜻한 오후였습니다. 따뜻한 햇살만큼이나 기분 좋은 일이 생겼으면 하는 마음으로 상담실에서 고객님들을 기다리고 있었습니다.

그때 두 손을 꼭 잡은 80대 할머니 두 분이 조심스럽게 상담실 문을 열고 들어오셨습니다.

"혹시 여기가 상담해 주는 곳 맞나?"

"네, 맞습니다. 고객님, 어서 오세요! 무엇을 도와드릴까요?"

할머니는 보자기를 풀어 테이블 위에 플라스틱 젓갈통을 올려놓으셨습니다.

할머니는 작년 추석 무렵, 식품 매장에서 젓갈 두 통을 구매하고, 상품권으로 계산을 했는데 거스름돈을 잘못 받은 것 같다며 확인 좀 해달라고 하셨습니다.

순간 머릿속이 너무 복잡해졌습니다.

'이 일을 어떻게 하지? 5개월이나 지난 일을 어떻게 풀어나가야 좋을까?'

그래도 우선은 방법을 찾아봐야겠다는 생각이 들었습니다.

"고객님, 많이 당황하셨겠어요. 혹시 영수증을 보관하고 계신가요?"

두 어르신은 고개를 절레절레 흔드셨습니다.

혹시나 하는 마음으로 구매하신 날짜, 젓갈 포장지라도 기억을 하시는지 조심스레 여쭈어보았습니다.

"어쩌지? 그런 건 기억이 안 나."

영수증은 없고, 구매일도 모르고, 브랜드도 확인되지 않는 평범한 투명한 젓갈통! 어떻게 이 문제를 해결해 나갈 수 있을까? 이 난처한 상황이 너무도 막막하기만 했지요.

"고객님, 우선 안쪽으로 자리를 옮기셔서 좀 더 자세하게 이야기를 들어봐도 될까요?"

두 어르신의 마음을 안정시키기 위해 내실로 안내하고, 따뜻한 차를 한잔 준비해드렸습니다.

"고객님, 죄송하지만, 영수증이 없는 상태에서 구입한 날짜와 매장을 기억하지 못하시면 도움을 드리기 어려울 수 있습니다."

"미안해요. 내가 난처한 부탁을 하는구먼."

"아닙니다. 조금 더 자세히 말씀해 주시면 다른 방법이 없는지 생각해 보겠습니다.”

상황을 자세히 들으며 메모하던 중, 젓갈 구매 당시 가지고 계셨다던 상품권 50만 원에 얽힌 사연을 듣게 되었습니다.

몸은 불편하지만 대학까지 졸업했다고 자신을 소개하신 이웃동생 할머니는, 평소 100세에도 건강을 유지하고 계신 이웃 할아버지의 장수비결을 SBS ‘순간 포착 세상에 이런 일이’라는 프로그램에 제보하게 되었고, 제보를 받은 방송국에서 촬영을 나와 3일간 힘들게 촬영을 하셨다고 합니다. 그리고 출연료로 롯데백화점 상품권을 받아 젓갈을 구매하셨다는 것입니다.

한데, 5개월이 지나 그때 일을 이야기하시던 두 할머니는 뭔가 잘못되었다는 것을 깨달았습니다.

“형님, 얼마 받았는데 젓갈로 다 잡숴 버렸소?”

“10만 원으로 젓갈 두 통 사니까 끝이던 걸?”

“예? 10만 원밖에 못 받았소? 나도 10만 원 받았는데?"

3일이나 촬영을 했는데, 사연을 제보하기만 한 이웃 할머니도 똑같이 10만 원짜리 상품권을 받았다는 말을 듣고 괘씸한 생각이 들어 방송국 PD에게 전화해 항의를 하셨다고 합니다.

“아니, 그래도 그렇지. 나는 3일 밤낮 카메라에 나왔는데 어찌 이럴 수 있는가?”

"할머니, 무슨 말씀이세요? 롯데상품권 50만 원권 1장 보내드렸는데요."

50만 원짜리 상품권 1장을 정확하게 전했다고 하는 방송국 PD.

"그 PD 양반은 틀림없이 50만 원권을 보냈으니 백화점 쪽에 확인을 한번 해보라고 하더라고.

백화점에서 물건 사 보는 것도 처음이고 내가 뭘 알았어야 말이지."

방송국 관계자가 거짓을 말할 리는 없을 것 같아 저 또한 고개가 끄덕여지긴 했습니다.

저는 할머니께서 상품권 금액을 헷갈려 하실 수도 있다는 생각에 확인 작업을 직접 하기로 하였습니다. 상품권 판매소에서 10만 원과 50만 원권 샘플을 가지고 와서 할머니가 받으셨다고 하는 상품권이 어떤 종류인지 확인해 보는 방법으로 말입니다.

"아이고! 눈도 잘 안 보이고 도통 모르겠어. 영감이랑 같이 가서 젓갈 두 통에 10만 원이라고 하길래 상품권 주고 가지고 왔는데……."

계산대에서 계산을 하신 것도 아니라는 말씀에 난감하였습니다.

'이를 어쩐담?'

그런 저를 애타게 쳐다보시는 두 어르신들의 눈빛이 얼마나 순수하시던지, 갑자기 돌아가신 할머니와 어머니 생각이 나서 저도 모르게 눈시울이 붉어졌습니다.

이내 정신을 가다듬고, 두 이르신들에 대한 애틋한 마음을 담아 어렵게 이야기를 꺼냈습니다.

"어머니! 영수증도 없으시고, 구입한 장소도 기억 안 나시고, 날짜도 모르신다고 하니 진심으로 도와 드리고 싶은데, 이렇게 해서는 상품권을 확인할 방법이 없습니다."

이 상황에서 지푸라기라도 잡는 심정으로, 마지막으로 제가 도와 드릴 수 있는 방법은 혹시 어머니를 기억할지도 모르는 직원을 찾아보는 것이었습니다.

"하루에도 수많은 고객들을 만나는 직원들이라 기억할 지는 모르겠지만 잠시 매장을 비우고, 직원들에게 확인해 줄 것을 부탁해 보겠습니다."

"고마워요, 정말 고마워요."

식품팀 영업관리자에게 간략하게 상황을 설명한 후, 젓갈 코너에 있는 직원 분 10여 명을 고객상담실로 모여달라고 요청 드렸습니다.

"안녕하세요? 바쁜 와중에 모여주셔서 정말 고맙습니다. 이쪽에 계신 고객님을 기억하시는 분이 혹시 계실까 해서요. 고객님께서 작년 추석쯤 젓갈 두 통을 50만 원 상품권으로 구입하신 후 거스름돈을 미처 받지 못하셨다고 합니다. 혹시 기억하시는 분이 계실까요?"

그때였습니다.

"아이고, 할머니 왜 이제 오셨서예?" 하며 뒤쪽에서 큰 목소리가 들렸습니다.

그 순간 저를 비롯한 직원들과 두 할머니의 시선은 일제히 그 직원에게 향했습니다.

"제가 고객님께 50만 원짜리 상품권을 받아 계산대에 가서 계산을 하고 영수증과 거스름돈을 드리려고 매장으로 갔더니 홀연히 두 분이 사라지셔서 순간 제가 얼마나 놀랐는지 몰라요. 곧바로 안내 방송도 하고, 다음 날 오시려나 그 다음 날 오시려나 얼마나 기다렸다고요. 거스름돈 40만 원은 그대로 보관하면서요."

이게 도대체 무슨 일일까요? 정말 기적 같은 일이 벌어진 거죠!

해당 젓갈코너 직원은 매장으로 가서 정말로 영수증과 거스름돈인

상품권을 가지고 왔고, 그것을 전해 받은 할머니는 감동의 눈물을 흘리셨습니다.

'아, 이런 순간이 오다니! 정말 행복해. 타인의 기쁨이 나에게 이런 행복을 줄 수도 있구나!'

그동안 상담실에서 근무하면서 쌓인 스트레스가 눈 녹듯이 모두 사라지면서, 일에 대한 자부심으로 가득 찬 꿈 같은 하루였습니다.

다시 오지 않을지도 모르는 고객을 위해 5개월 넘게 영수증과 거스름돈을 보관해 준 직원의 따뜻한 마음. 이 일을 계기로 저는 고객을 배려한다는 것이 무엇인지 가슴 깊이 새기게 되었습니다. 무엇보다 제일에 대해 정말 자부심을 느끼는 순간이었죠.

처음부터 터무니없는 요구라고 치부했다면, 할머니는 거스름돈을 찾지 못하고 실망하며 빈손으로 돌아가셨을 것입니다.

한번 더 고민하고, 한번 더 생각해 보는 것! 종이 한 장 차이지만, 결과는 완전히 달라집니다. 고객이 웃고, 제가 웃고, 모두가 행복해집니다.

4월의 석류가 더 달콤한 이유

• 상인점 식품팀 김홍식 파트리더 이야기 •

4월의 어느 날이었습니다. 라디오는 주말부터 봄꽃 축제가 시작된다는 향기로운 뉴스를 들려 주었습니다.

폐점 무렵, 하루 일을 마무리하고 내일을 준비하는 저의 손길도 평소보다 더욱 가벼웠습니다.

그때 전화벨이 울렸습니다. 따르릉~.

"정성을 다하겠습니다. 상인점 식품팀 김홍식입니다. 무엇을 도와드릴까요?"

"저기… 혹시 백화점에 석류 있나요? 꼭 필요합니다."

석류가 나오는 계절은 가을, 지금은 꽃피는 봄. 매장에서는 당연히 석류가 판매되고 있지 않았습니다.

하지만 수화기 너머 여성고객의 목소리에서는 어떻게든 석류를 구하고 싶어하는 간절함이 느껴졌습니다.

"고객님, 죄송하지만 지금은 제철이 아니라서 매장에는 없을 것 같은데요. 확인해 보고 다시 전화 드려도 되겠습니까?"

"네, 고맙습니다. 그렇게 해주세요. 저희 할머니 건강이 좋지 않으신데, 꼭 석류를 드시고 싶어 하십니다. 부탁 드립니다."

고객님은 몇 번이나 '부탁합니다'라는 말을 되풀이하셨습니다. 제마음은 덩달아 바빠져, 얼른 매장에 확인 전화를 걸어 보았지요.

"파트리더*님, 매장엔 석류가 없어요. 제철이 아닌데다가 흔한 과일도 아니라 구하기 힘들어요."

매장 직원의 답변에 저는 혹시 직원이 잘못 안 것은 아닌지, 바로 매장으로 달려가 다시 확인해 보았습니다.

이리저리 둘러보고 다른 직원들에게 물어보아도 석류는 없었습니다. 이제 사무실로 돌아가 고객님께 전화로 설명 드릴 차례였습니다.

"죄송합니다만, 석류가 없습니다."라고 말씀 드리고, 상황을 정리해야 했습니다.

수화기를 들었다 놓았다 반복하기를 여러 번, 편찮으신 할머니를 생각하는 고객의 목소리가 귓가에 맴돌았습니다.

어쩌지? 정말 방법이 없을까?

저는 마지막으로 농산 판매 책임자에게 전화해 보기로 했습니다.

"혹시 석류를 구할 수 없을까요? 매장을 다 뒤져보았는데 없다고하네요. 마지막으로 농산 책임자님밖에 믿을 분이 없어요. 구할 수없을까요?"

"석류요? 석류를 지금 구하기는 어려울 것 같은데, 어느 분이 찾으시는 건가요? 파트리더님 목소리가 꽤나 절박하게 들립니다."

"고객님께서 급하게 연락을 주셨어요. 편찮으신 할머니께서 석류를 찾으신다고 합니다."

"파트리더님 목소리가 너무 절박해서 장인어른이라도 드시고 싶어 하시는 줄 알았어요. 하하. 아무튼 찾아보겠습니다. 너무 기대하지는 마세요."

조마조마 기다린 시간이 얼마나 되었을까, 마침내 전화가 왔습니다.

"냉동 석류인데 괜찮을까요? 냉장 석류는 다른 곳에서도 못 구하고, 저희 냉동고를 다 뒤졌는데 냉동 석류 재고가 남아있었어요."

"괜찮아요. 정말 감사합니다!"

오후 7시 40분, 이제 곧 백화점은 문을 닫을 시간이었습니다. 바로 고객님께 전화를 걸어 이 사실을 알렸습니다.

고객님은 마치 어린아이처럼 기뻐하셨습니다. 목소리도 밝아져 아까와는 전혀 다른 사람 같았습니다.

"남편 회사가 백화점에서 가까워요. 8시 전까지 가라고 할게요. 정말 감사합니다."

폐점시간을 알리는 음악이 매장 안에 울려 퍼질 무렵, 저 멀리서 뛰어오는 한 남성 고객의 모습이 보였습니다.

어디서부터 뛰어오셨는지 이마에는 땀이 송글송글 맺혀 있고 숨이 차서 말씀도 제대로 못하실 정도였습니다.

"갑작스럽게 부탁 드린 건데, 정말 감사합니다. 할머니가 정말 좋아하실 거예요."

"아닙니다, 고객님. 냉동 식품이지만 석류가 남아있어서 다행입니다. 혹시 가시는 곳이 어디쯤이세요?"

"네? 합천까지 가는데요."

"합천이라면 1시간은 넘게 설릴 텐데, 가다가 다 녹을 것 같습니다. 잠깐만 기다리세요, 아이스팩에 포장해 드릴게요."

저는 꼼꼼하게 아이스팩에 포장한 석류와 함께 고객님을 배웅해드렸습니다. 할머님께서 좋아하신다는 새콤달콤한 석류, 합천까지 가는 동안 싱싱하기를 바라면서요.

그렇게 응대가 끝나고 며칠이 지나 온라인 VOC*에 고객의 칭찬글이 올라왔습니다.

〈안녕하세요. 며칠 전 석류를 구입했던 사람입니다. 감사 인사가 늦었습니다……〉

그때 그 고객님이었습니다. 마땅한 서비스를 했을 뿐이었는데, 칭찬을 받으니 입이 귀에 걸리며 몸 둘 바를 모르겠더군요.

바로 감사 전화를 드리고 이야기를 나누었습니다.

"할머니는 치매에 걸리셨습니다. 예전부터 석류를 참 좋아하셔서 찾아뵐 때마다 석류를 들고 갔어요. 빨갛게 영근 석류 알을 보면 기분이 좋아지시는지 매번 석류를 찾으세요. 어쩌다가 석류를 안 사 가면 오늘은 왜 안 가져왔느냐고 토라지기도 하시고요. 할머니한테 저는 석류를 가지고 오는 사람이 된 모양이에요. 하하. 그때는 석류를 못 구해서 속상했어요. 결국 여기저기 알아보다가 멀리있는 롯데백화점까지 문의하게 된 겁니다. 구해 주셔서 정말 고맙습니다. 그날 사 간 석류는 어느 때보다 맛있게 드셨어요."

석류 한 알을 할머니께 드리려고 손자 부부는 여기저기 알아보았던 모양입니다. 저 또한 가슴이 뭉클해졌습니다.

고객님의 전화를 처음 받았을 때, 만약 '제철 과일이 아니어서 판매하지 않고 있습니다.'라고 응대를 마쳤으면 어떻게 되었을까요?

할머니는 결국 석류를 드시지 못했을 테고, 손자 부부의 따뜻한 마음도 허사가 되었을 것입니다.

고객들은 롯데백화점을 만날 때, 우리 직원들이 항상 고객을 위해 최선을 다해 도와줄 것이라고 생각합니다. 그러한 고객들을 실망시키지 않도록, 항상 곁에서 머물며 달려갈 준비를 하는 것이 하루하루 우리의 역할인 것 같습니다.

• 파트리더 : 롯데백화점 파트(식품/ 영캐릭터/ 가전 · 가구 등) 관리자
• VOC : Voice of Customer, 고객의 소리

당신의 마음, 한 켠만 고객님께 양보하세요

• 안양점 영업총괄팀 송혜림 사원 이야기 •

롯데백화점에 입사하고 얼마 되지 않아 MVG* 담당자로 발령을 받았습니다. 부푼 꿈으로 시작한 새로운 업무였지만, 쉽지는 않았습니다. 무엇보다 저를 두렵게 한 것은 '다음 해 MVG 선정업무'. MVG에 선정되지 못한 고객들의 컴플레인을 응대하다 보면, 눈물이 흘러 사무실에 홍수가 난다는 업무였습니다. 저 역시 두려웠습니다. 불안한 마음으로 하루하루 근무하던 중, 그 날이 오고야 말았습니다.

사내메일함으로 날아든 무시무시한 이메일.

〈2014년 MVG 선정 안내〉

마치 선전포고를 받은 군인처럼 비장한 마음으로 이메일을 확인했습니다. 이 일은 책임감과 성실함보다는 비장함으로 임해야 하는 업무였던 것입니다.

제 얼굴이 지나치게 굳어진 탓일까요? 팀장님께서 농담을 건네셨습니다.

"욕먹으면 오래 산다고 하더라. 생명 연장의 꿈이 여기서 이루어지는 거다. 하하하!"

네, 우스갯소리였죠. 하지만 저는 웃을 수가 없었습니다. 당장 내일이라도 다른 부서로 발령이 나면 얼마나 좋을까?

파울로 코엘료의 《연금술사》에는 '간절히 바라면 온 우주가 도와줄 거야'라는 유명한 구절이 나옵니다. 하지만 전 세계 1억 명의 독자들을 힐링해 주었던 베스트셀러 작가의 말도 다 거짓말인가 봅니다. 온 우주가 도와 준다고 했잖아요, 코엘료! 그렇게나 간절히 바라고 바랐는데, 운명은 기어이 제게 다가왔습니다.

본사 기준에 맞추어 MVG 선정업무를 마치고, 저는 사무실에 앉아 불안한 마음으로 대기했습니다. 그리고 예상대로 MVG 선정에서 탈락한 고객의 문의전화가 걸려 왔습니다.

"혜림 씨, ○○○ 고객님 전화 연결해 드리겠습니다."

동료 직원의 말에 통화하기도 전인데, 저의 손바닥이 축축히 젖었습니다. 눈을 지그시 감고 숨을 들이마신 뒤 상담을 시작했습니다.

"안녕하십니까, 고객님. 무엇을 도와드릴까요?"

"제가 MVG 선정이 안 되었네요. 그동안 노력한 게 헛수고가 됐어요. 너무 속상하고 화가 나요."

격앙된 고객님의 목소리를 듣자 간신히 진정시켰던 몸이 다시 떨리기 시작했습니다.

"네. 고객님, 차근차근 말씀해 주시면, 최선을 다해서 도와 드리겠습니다."

"제가 MVG가 되고 싶어서 얼마나 노력했는데요. 작년부터 MVG 선정 제도에 대해 공부까지 했다고요. MVG에 선정되려면 다른 사람 카드로 결제하는 금액은 포함이 안 된다고 해서 제 카드로만 구매했어요. 1년 동안 구매 영수증을 빠뜨리지 않고 차곡차곡 모아 두기도 했고요. 지난 11월부터 구매 내역이랑 총 구매 금액을 확인 할 수 있는 시스템이 생겼더라고요. 그래서 그 다음부터는 구매나 취소를 하면 매일매일 인터넷 홈페이지에 들어가서 확인까지 했다고요."

고객님의 목소리는 점점 더 빨라지고, 톤도 높아지고 있었습니다.

저는 "네, 그러셨군요, 고객님"이라는 말을 반복하며, 일단 들을 수밖에 없었습니다.

"조금이라도 궁금한 점이 생기면 바로 MVG 라운지에 문의해서 확인했고요. 그렇게 애를 써서 구매 금액이 3,500만 원을 넘었어요. 홈페이지에서 보니까 예상 등급이 MVG라고 표시되어 있었고요.

그 다음부터 너무 기뻐서 잠도 안 왔어요. 이제 다 됐다. 이제 나도 롯데백화점 MVG구나, 하고 생각했지요. 그런데 결국 선정되지 못 했어요. 분명 예상 등급은 MVG였는데 말이죠. 뭔가 잘못됐구나 해서 바로 문의해 봤어요. 시스템 오류로 기준 금액이 제가 확인한 이후에 정정 표시되었다는 거예요. 결국 저는 MVG 선정에서 누락 되었어요. 말이 되나요?"

고객님의 이야기를 계속 듣다 보니, 처음 긴장했던 것도 잊어버렸습니다. 얼마나 속상했을까? 마치 제 일처럼 안타깝기만 했습니다.

그렇게까지 노력했는데 표시 오류로 MVG에 선정되지 못했다니. 저 같았어도 억울해서 팔팔 뛰었을 겁니다.

고객님은 속에 있는 말을 다 털어놓으시고는 한결 담담해진 어조로 말씀을 이어 가셨습니다.

"솔직히 롯데백화점에 실망했어요."

고객님이 이야기를 끝내자 저는 자연스레 죄송한 마음이 들었습니다. 그리고 어떻게든 돕고 싶다는 생각이 들었습니다.

"고객님, 제가 선정권한을 가지고 있는 것은 아니지만, 도와드릴 수 있는 방법을 찾아보겠습니다."

"어떤 방법이 있나요?"

"작년에 특정기간 동안 추가구매를 하면 MVG 등급이 승급될 수 있는 프로모션이 있었습니다. 올해도 분명 진행할 테니, 해당기간에 제가 고객님께 꼭 안내하고 도움을 드리겠습니다."

"추가 선정을 한다고는 하지만 확정된 것도 아니잖아요. 나는 또 무작정 기다려야 하고요. 이러다가 그 추가 선정도 없었던 얘기가 되면 어쩌죠? 기다려봤자 아무 소용 없을 것 같아요."

고객님은 강한 불신에 사로잡혀 있었습니다. 여기서 제가 할 수 있는 일은 그저 진심으로 고객에게 사과하고, 대화하는 방법뿐이었습니다.

"고객님, 정말 죄송합니다. 앞으로 제가 MVG 선정에 관련해서 변경되는 내용이 있을 때마다 문자 메시지를 보내 드리겠습니다. 무작정 기다리며 불안해 하지 않으시도록 수시로 연락을 드릴게요."

그 후 저는 고객님의 입장이 되어 생각하려고 노력했습니다. '이런 정보는 궁금해하시지 않을까?' 하는 생각이 들 때마다 고객님께 연락을 드렸습니다. MVG에 관해 별다른 정보가 없을 때도 마찬가지였습니다. 1주일에 한 번씩 심지어 날씨 이야기나 안부를 묻는 메시지라도 보내 드렸습니다.

마침내 기다리던 MVG 추가 선정 기간이 확정됐습니다. 얼른 문자메시지로 안내를 드렸지요.

〈고객님, 오늘부터 추가 선정이 시작됩니다. 쇼핑하시면서 불편한 점이 있으시면 언제든지 알려주세요.^^〉

그런데 고객님께서는 아무런 답이 없었습니다. 그 뒤로도 몇 번 더 연락을 드렸지만, 감감 무소식이었습니다. 이상한 일이었지요.

전화를 한 번 드려 봐야겠다고 생각하고 있을 즈음, MVG 라운지에서 고객 응대를 돕다가 그 고객님을 만났습니다. 얼마나 반가웠던지 쪼르르 달려가서 두 손을 꼭 잡았지요.

"고객님, 그동안 왜 아무 연락이 없으셨어요? 무슨 일 있는 건 아닌가 걱정했어요."

"자꾸 연락하는 게 미안해서요. 맡은 일도 많고 바쁠 텐데, 나까지 번거롭게 하는 것 같아서……."

"아니에요, 고객님! 고객님이 연락 주시면 확인해 드리는 게 제 보람인데요. 절대로 그런 말씀하지 마세요. 추가 선정 기간 중에 구매하신 내역 가운데 혹시 이상은 없는지 확인해 드릴게요. 앞으로도 궁금한 점 있으면 언제든지 연락 주세요."

며칠 후, 추가 선정 기간이 끝나자 고객님한테서 문자 메시지가 왔습니다.

〈MVG 추가 선정에 제가 들어갔는지 확인 부탁 드려요.〉

최종 결과를 확인하면서 마치 제 일처럼 가슴이 콩닥콩닥했습니다. 제발, 제발!

……휴.

작은 한숨과 함께 온몸의 긴장이 탁 풀어졌습니다. 기쁨은 그 다음 순간 찾아왔지요.

"만세!"

바로 고객님께 전화를 걸었습니다.

"고객님! 됐어요! MVG가 됐어요!"

고객님과 저는 한마음으로 기뻐했습니다.

"우리가 정말 해냈네요!"

우리는 여고생들처럼 전화를 붙잡고 한참 동안 기쁨을 나누었습니다. 그리고 고객님이 백화점에 방문하시는 날을 확인해 약속을 잡았습니다.

저는 그동안 마음고생하신 고객님을 위해 작은 선물을 하나 준비했습니다. MVG에 선정되신 걸 축하하는 선물이었지요. 처음 고객을 만난 날 고객이 하고 있던 머리띠와 같은 브랜드의 머리띠였습니다.

약속한 날짜에 찾아오신 고객님은 우연히도 처음 하고 오셨던 그 머리띠를 하고 계셨습니다.

"축하 드려요. 그동안 고생 많이 하셨어요. 이건 제가 드리는 작은 선물입니다."

받은 사람이 깜짝 놀라고 기뻐하는 표정만큼, 선물 준 사람에게 즐거운 일이 있을까요? 포장을 풀어 본 고객님은 얼굴이 더욱 밝아져서 얼른 새 머리띠로 바꾸셨습니다. 처음에는 전쟁터에 발을 들이미는 것처럼 두려워했던 MVG 선정 기간을 다 보내고, 이제 고객님의 미소를 보니 뿌듯하기만 했습니다.

지난 두 달 동안 고객님과 저는 여느 친구보다 많이 연락하고, 이야기를 나누었습니다. 고객님의 입장에서 생각하고 도와드리고자 노력했더니, 고객과 저는 어느새 '우리'라고 할 만큼 가까워져 있었습니다.

지금도 그 고객님은 롯데백화점 안양점에 쇼핑을 나올 때마다 저를 찾아오셔서 이야기를 나누고 가십니다. 저 역시 특별한 정보나 이벤트가 있을 때는 가장 먼저 알려 드리곤 합니다.

"내년 선정 기준 확정되면 제일 먼저 전화 줄 거죠? 나 계속 혜림씨 괴롭혀도 되는 거죠?"

"아니요. 저 다른 점으로 가서 이제 다른 고객님 도와 드릴 건데요?"

이렇게 농담도 주고받는 사이랍니다.

혹시 고객의 컴플레인을 겁내거나 무서워하지 않으시나요? 어떤 상황에서도 마음 한 켠만, 딱 한 켠만 고객에게 양보하세요. 마음속에 고객이 자리 잡는 순간, 고객의 궁금함과 불편함은 바로 나의 것이 됩니다.

• MVG : Most Valuable Guest, 롯데백화점 우수고객

고객의 입장을
먼저 생각하겠습니다

2009년 1월 롯데백화점 본점 1층에는 경쟁 백화점의 위치를 안내하는 게시물이 등장했다. 샤넬 화장품 매장의 퇴점으로 인해 혼란스러워할 고객들을 배려한 것이었다. 당초 일각에서는 경쟁사의 이름을 그대로 안내하는 것이 부적절하지 않냐는 의견도 있었다. 하지만 롯데백화점은 고객의 불편을 최소화하기 위해 비록 경쟁 백화점에 입점한 매장일지라도 정확히 안내하는 것이 옳다고 판단했다.

배려는 상대방 입장에서 생각하고 이해할 때 자연스럽게 행동으로 나오게 된다. 그런 작지만 세심한 배려들이 결국 상대방에게 큰 감동으로 다가가 오랜 시간 동안 더욱 깊은 관계를 맺는 계기가 된다.

01

마음의 소리 듣기

1986년부터 2011년까지 25년 동안 전세계 140여 개국에 배급되며 사랑 받았던 '오프라 윈프리'의 토크쇼를 보면, 진행자인 그녀가 막상 많은 말을 하지 않는다는 것을 알 수 있다. 1시간의 방송 시간 중 그녀가 이야기하는 시간은 얼마나 될까? 단 15분 정도에 불과하다. 나머지 시간 동안 그녀는 몸을 상대방 쪽으로 기울여 끊임없이 눈을 맞추고 상대방의 이야기에 공감한다. 수많은 청중과 게스트로부터 오랜 시간 사랑 받을 수 있었던 그녀의 힘은 상대방을 배려하는 대화법과 자세에 있었다.

서비스인에게도 상대방의 마음에 담긴 이야기를 듣고 공감할 수 있는 능력이 필요하다. 쉽게 놓칠 수 있는 작고 사소한 부분에 고객 감동의 열쇠가 숨겨져 있기 때문이다.

"고객 입장에서 생각해보기"

"고객님, 이 상품은 30% 할인된 상품이에요. 제 이야기가 잘 들리시
나요?"

고음의 판매 직원 목소리가 매장에 높이 울려 퍼진다. 직원이 응대하
고 있는 고객은 연세가 지긋한 80대 시니어고객이다. 직원은 연세가 많
은 고객을 위해 목소리를 키워 친절하게 응대했지만, 시니어고객은 얼굴
을 붉히며 바로 매장을 나가버렸다. 예상치 못한 반응에 당황한 직원이
어쩔 줄 몰라 하는데, 매장입구에서 고객이 불만 섞인 표정으로 직원을
돌아보며 이야기한다.

"아가씨! 내가 소리를 잘 못 듣는다고, 사람들에게 큰소리로 알려줘서
고맙네."

이렇게 때로는 상대방을 위해 했던 선의의 행동도 부정적인 반응으로
돌아오는 경우가 있다. 친구들간의 싸움을 화해시키겠다고 나섰다가 오
히려 중간에 이간질을 한 고약한 사람으로 몰리는 일도 있고, 타인을 위
해 노력했던 일에 대하여 오지랖 넓게 참견하지 말라고 핀잔을 받기도

한다. 위 사례에서 청력이 좋지 않은 시니어고객에게 큰 목소리로 응대한 직원 역시 오히려 고객에게 불쾌감을 주고 핀잔을 듣게 되었다.

상대방을 배려하는 행동은 그 사람에 대해 정확한 이해를 하고 있을 때에 비로소 가능해진다. 어떤 것을 좋아하고, 어떤 것을 불편하게 여기는지, 또는 남들에게 말하기 꺼리는 사정이 있는지 관심을 가지고 이해하는 것이 필요하다. 만약 고객에 대한 정보가 부족할 때에는 고객의 눈빛과 행동, 말투 변화에서도 고객의 마음을 읽고, 입장을 생각해 보아야 한다. 상대방의 입장에서 공감하는 자세가 습관이 되어야 비로소 진정한 배려를 할 수 있는 것이다.

"듣기의 단계"

"아니. 내 말 뜻은 그게 아닌데, 왜 그렇게 받아들이는 거야?"

무언가를 오해하고 있는 상대방에게 상황을 설명하고, 내 감정을 이야기하고 싶었을 뿐인데 어느새 상대방은 처음보다 더 화가 난 표정으로 나를 바라보고 있다. 연인이나 가족관계에서도 이런 상황은 종종 벌어진다. 매일 얼굴을 보는 사이에서도 이러한데, 하물며 고객과 직원 간의 소통이 쉬울 수 있을까? 우리는 어떻게 고객과 대화를 시작해야 할까?

상대와 마음을 나누는 대화의 비결은 역설적이게도 '말을 줄이는 것'에서 시작된다. 이야기하는 시간이 길다고 더 많은 공감이 일어나는 것은 아니다. 사람에게 왜 두 개의 귀와 하나의 입이 있을까? 다시 한번 생각해보자. 우리는 보통 상대방의 이야기를 듣는 것보다 말하는 데 훨씬 더 많은 시간을 소비한다. 상대방의 입장을 먼저 이해하기보다 내 입장을 상대방에게 이해시키려고 노력한다. '나는 말하는 것보다 다른 사람의 이야기를 듣는 편인데?'라며 억울해 할 수도 있겠지만, 이야기를 듣는 것에도 '단계'가 있다는 것을 알고 있는가?

① 1단계 : 듣는 척하기

상대의 이야기를 겉으로나마 듣는 척하는 단계이다. 비록 이야기를 듣는 태도를 취하고는 있지만, 듣는 사람은 자신의 생각 속에 빠져 있기 때문에 말하는 사람의 내용이 충분하게 전달되지 않는다. 듣는 도중에 말을 자르거나 전혀 다른 주제의 이야기를 꺼내 흐름이 끊어지기도 한다. 이야기를 하는 사람은 듣고 있는 사람이 실제로는 듣는 척만 한다는 것을 알 수 있기 때문에 이야기를 지속하는데 불편함을 느낀다. 사실상 듣는다고 할 수 없는 단계이다.

② 2단계 : 선택적 듣기

친구 A 어제 〈혹성탈출〉을 봤는데 너무 재미있었어. 주인공 원숭이는 카리스마가 넘쳐서 사람보다 더 멋있더라. 내가 원숭이에게 반할 줄이야.

친구 B 카리스마하면 '리암 니슨'이지. 〈테이큰3〉가 나온다고 하던데, 꼭 봐야겠다.

친구 A 리암 니슨 좋아하는구나? 리암 니슨은 연기자로서 전성기 나이를 지났음에도, 연기력이나 카리스마가 줄어들지 않아. 이미 환갑이 넘지 않았어?

친구 B 지난주에 청주로 친척 어른 환갑잔치 다녀왔는데, 음식이 너무 맛있더라.

친구 A 잠깐, 너 지금 내 이야기를 듣고 있기는 한 거니?

선택적 듣기의 단계에서는 이야기를 하는 사람과 듣는 사람 사이에 여러 대화가 오고갈 수 있다. 하지만 이야기의 핵심에는 집중하지는 못하고, 자신이 듣고 싶은 내용과 키워드만 선택적으로 듣게 된다. 대화가 끝나면 이야기하는 사람이 전달하는 내용과 듣는 사람이 받아들인 내용에 차이가 발생하게 된다. 세부적인 내용들이 등한시 되므로 시간이 지난 후에 "우리가 그런 이야기도 했었어?"라는 반응이 돌아오기도 한다.

③ 3단계 : 공감적 경청

공감적 경청은 말하는 이의 '의도'를 파악하고 감정까지 공유하는 것이다. '말하는 이가 어떤 느낌으로 이야기하는지', '왜 이런 이야기를 하는지' 생각하게 되며, 듣는 사람은 자신이 이해한 내용을 확인하며 대화를 이어나간다. 공감적 경청이 이루어질 때에야 비로소 말하는 사람은 마음을 열고 대화에 참여하게 된다.

고객 이 대게는 원산지가 어디인가요?

직원 네, 고객님. 원산지 말씀이십니까? 이 대게는 러시아산 대게입니다.

고객 네, 그런가요? 러시아 어느 해역에서 잡힌 대게 인가요?

직원 네, 고객님. 유럽 북해도 인근에서 잡힌 대게 입니다. 최근 일본산 해산물에 대해 걱정하시는 분들이 많이 계십니다. 하지만 저희 레스토랑에서는 일본산 해산물을 취급하지 않고 있으며, 지금 먼저 주문하신 연어 샐러드도 캐나다산 연어를 사용하고 있습니다.

고객 아, 그렇군요! 친절하게 설명해주셔서 고맙습니다.

고객이 전하는 이야기를 공감하며 경청한다면 고객이 무엇을 요구하는지 보다 빠르고 정확하게 알 수 있고, 커뮤니케이션에서 야기되는 오해와 실수를 방지할 수 있다. 즉, 공감적 경청은 상대방을 존중하고 배려하여, 관계를 발전시킬 수 있는 좋은 수단이 된다.

"쿠션화법과 청유형 화법으로 마음의 다리를 놓아라"

쿠션화법이란, 딱딱하고 건조한 문장 속에 '죄송하지만', '괜찮으시다면'과 같이 부드러운 표현을 배치하는 화법을 말한다. 무엇을 부탁하거나, 지시, 거절 또는 부정의 말을 꺼내야 할 때 푹신한 쿠션을 깔아 놓은 듯, 상대방의 감정을 다치지 않고 기분 좋은 대화를 이어나갈 수 있게 하는 것이다.

쿠션화법과 함께 대화를 더 부드럽게 만드는 청유형 화법을 사용할 수 있다. "~해주세요."의 지시형 문장을 "~해주시겠습니까?"라고 부탁하는 형식의 문장으로 바꾸는 것이다. 이렇게 이야기하는 습관은 상대방에게 전달하는 말의 어감을 더욱 상냥하고, 정중하게 만들어 거부감을 줄이며, 상대방에게 원하는 행동을 유도할 수 있다.

- 다시 한 번 말해 주세요.
→ 죄송합니다만, 다시 한 번 말씀해 주시겠습니까?

- 이 서류를 작성해 주세요.
→ 번거로우시겠지만, 이 양식에 내용을 작성해 주시겠습니까?

- 제가 다시 전화 드리겠습니다.
→ 양해해 주신다면, 제가 급한 용무를 수습하고, 다시 전화를 드려도 괜찮을까요?

- 잘 모르겠습니다.
→ 괜찮으시다면, 제가 정확히 알아본 후에 안내해 드리겠습니다.

- 잠시 비켜주세요.
→ 실례합니다만, 잠시 먼저 지나가도 되겠습니까?

"어떻게 칭찬하면 좋을까?"

어느 미남 영화배우에게 연예 방송 리포터가 질문했다.

"정말 잘생기셨어요. 이런 식상한 말은 안 하려고 했는데, 직접 뵙게 되니 잘생겼다는 말보다 어울리는 표현이 없는 것 같아요. 이런 말은 너무 많이 들어서 지겨우시죠?"

리포터의 칭찬에 미남 배우는 해맑게 웃으며 대답했다.

"아니요. 더 해주세요. 계속 들어도 지겹지 않아요. 앞으로 수만 번을 더 들어도 좋습니다."

매일 듣는 뻔한 칭찬도 질리지 않는다니, 과연 칭찬을 싫어하는 사람이 어디 있을까? 아낌없이 칭찬하면 좋겠지만, 기왕 하는 칭찬을 더 효과적으로 할 수 있는 방법이 있다.

① 구체적으로 칭찬하라

애매모호하게 칭찬하는 것보다 구체적이고 명확한 칭찬이 상대방의 마음을 움직인다. "고객님은 참 괜찮은 분이에요."보다는 "고객님은 마음이 참 따뜻해서 주변에 좋은 분들도 많은 것 같아요."라고 칭찬한다면 더 좋지 않을까? 무엇을 칭찬하는 것인지 더 쉽게 받아들일 것이다.

② 남 앞이나 제3자에게 칭찬하라

사람들은 누구나 다른 사람 앞에서 칭찬을 받고 인정받고자 하는 욕구가 있다. 주변에 다른 사람이 많을수록 칭찬의 효과는 배가 된다. 심리학에서 이야기하는 인간의 기본 욕구 중에는 사회적 승인의 욕구needs for approval도 포함되어 있다. 자신의 뛰어난 면을 보여주며, 많은 사람들의 주목을 받고 싶어 하는 것이다. 그렇기 때문에 같은 칭찬을 할 지라도 많은 사람들의 앞에서 칭찬할 때 그 효과는 배가 될 수 있다.

③ 사소한 것도 칭찬하라

칭찬에 인색한 사람들은 상대방의 사소한 장점을 무시하고 지나친다. 큰일에 대해서만 칭찬하려고 생각한다면 한 번도 칭찬할 기회를 만들지 못할 수 있다. 남들이 보지 못하는 사소한 장점을 찾아 칭찬해 주었을 때 의외의 효과를 볼 수 있다.

④ 상대방이 그날 노력한 부분 또는 신경 쓴 부분을 칭찬하라

우리는 칭찬을 할 때 보여지는 부분에 집중한다. 가령 키가 큰 사람에게 "키가 커서 너무 부러워요. 좋겠어요."라든지 발랄한 외모를 지닌 여성에게 "너무 귀여워요." 등은 뻔한 칭찬이다.

그날 상대방이 노력하고, 신경 쓴 부분을 칭찬해보자. 헤어스타일을 바꾼 고객에게 "새로 한 헤어스타일이 참 잘 어울려요."라든지 옷차림이 감각적인 사람에게는 그날 입은 재킷에 대해서 칭찬을 할 수도 있을 것이다.

직원이 고객에게 하는 칭찬의 말들은 인위적인 느낌을 주기 쉽다. 작은 소재일지라도 세심한 관찰을 통해 건네는 한마디가 더 좋을 것이다. 마음을 전달하는 방법으로서 칭찬의 기술을 습관화한다면, 더 기분 좋은 대화를 나눌 수 있을 것이다.

02

다름을 배려하기

어느 날, 여우가 저녁식사에 두루미를 초대했다. 그리고 맛있게 요리한 음식을 접시에 담아 내왔다.

"두루미야, 널 위해 맛있는 요리를 준비했어. 어서 맛보렴."

하지만 긴 부리를 가진 두루미는 접시에 담긴 음식을 먹을 수 없었다. 화가 나서 돌아간 두루미는 다음날 답례로 여우를 초대했다. 두루미는 맛있게 요리한 스프를 기다란 호리병에 담아 주었다. 주둥이가 짧은 여우는 호리병에 담긴 음식을 먹을 수 없었다. 두루미는 여우에게 "자네는 이런 음식을 좋아하지 않나 보군. 그럼 내가 자네 음식까지 먹는 수밖에!" 하며 여우의 음식까지 먹어 치웠다.

어린 시절 읽었던《이솝우화》중에서 여우와 두루미의 이야기는 '배려'에 대한 교훈을 담고 있다. 음식을 하는 것만이 중요한 것이 아니라 상대방이 먹기 좋은 그릇에 담아 식사를 편리하게 할 수 있도록 배려해야 된다는 단순한 교훈이다. 우리들은 고객에게 여우와 두루미 같은 잘못을 하고 있지 않을까?

롯데백화점에는 나이가 어린 고객부터 많은 고객까지, 내국인은 물론 외국인 고객까지 다양한 고객들이 방문한다. 그래서 롯데백화점에서는 고객의 사소한 변화를 감지하고, 각각의 고객들이 무엇을 원하는지, 세분화된 고객군이 가지는 특징은 무엇인지 끊임없이 파악하고 연구하는 노력을 하고 있다. 고객군별 맞춤서비스 테미과정(총 26개 과정, 2013년 저작권 등록)을 개발하여 각 고객군에 맞는 '배려의 서비스'를 할 수 있도록 교육하고 있다.

고객 맞춤서비스는 사소한 것일지라도 큰 힘을 발휘한다. 작은 것일지라도 자신에게 맞는 서비스를 받을 때, 고객은 배려받고 있다고 느낄 것이다.

"영young 고객에게는 선을 지키는 것이 배려다"

　　○○여대에 재학 중인 이은혜(23) 씨는 또래 친구들보다 패션에 관심이 많고, 자신만의 스타일을 중요하게 생각한다. 상품을 구매할 때에도 브랜드를 보지 않고, 패션 트렌드나 의류의 재질을 더 신경 쓰는 편이다. 유니클로, 자라, H&M과 같은 SPA 브랜드도 즐겨 입는다. 수시로 변화하는 패션 트렌드에 맞게 다양한 상품이 빠르게 출시되고, 합리적인 가격에 구매할 수 있기 때문이다. 패션을 모르는 사람들이나 고가의 브랜드 제품을 구매한다는 것이 이은혜 씨의 평소 지론이다. 오늘은 이은혜 씨에게 무척이나 의미 있는 날이다. 방학 동안 아르바이트를 하며 번 돈과 부모님께 받는 용돈을 알뜰히 모아 캐논 미러리스 카메라를 구입했기 때문이다. 이 날을 얼마나 학수고대 했던가! 요즘 대학생들 사이에 미러리스 카메라 정도는 '머스트 해브 아이템MUST HAVE ITEM'으로 취급된다. '트렌드에 뒤쳐지지 않으려면 이 정도는 들고 다녀야지.'라고 이야기하는 이은혜 씨의 얼굴이 밝다.

　　영고객은 다소 모순적인 소비심리를 가지고 있는 고객군이다. 첫 번째 모순은 개성을 강조하고 획일적인 것을 거부하면서도 트렌드에 뒤처지기 싫어하는 성향이다. 각자가 자신의 패션을 스스로 스타일링하고, 남들과 같은 옷, 같은 핸드백을 드는 것은 무척이나 기피하지만 '머스트 해브 아이템'이라는 용어가 생길 만큼 새롭고, 좋은 상품에 대한 트렌드 선호도는 높다.

두 번째 모순은 소비의 양극화이다. 영고객은 일반적 소비재에 있어서 조금이라도 더 저렴한 상품을 찾고자 노력한다. '쇼루밍족', '가성비(가격 대비 성능비)'라는 신조어가 생길 정도로 가격에 민감하다. 하지만 자신이 가치를 높게 두는 상품에는 투자를 아끼지 않는다. DSLR이나 해외 명품 패딩의 높은 인기가 그러한 성향을 대변한다. 모순적이면서도 규칙적 소비패턴을 가지고 있는 영고객을 어떻게 응대하면 좋을까?

영 고객의 소비 심리

① 스마트한 소비와 자기만족형 가치소비

'가성비'라는 표현이 생겼다. '가격 대비 성능비'라는 표현의 줄임말이다. 지금의 영고객들은 80년대 경제호황 이후에 태어난 세대들로서 성장기 시절부터 소비의 주체로서 꾸준히 활동하며 성장했다. 그렇기 때문에 다양한 소비 채널 속에서 어떻게 상품을 탐색하고 구매를 결정하는지에 대하여 매우 익숙하다. 성능과 가격을 꼼꼼히 따져보고 자신의 구매력을 최대한 효율적으로 사용하는 것이다. 무척이나 '똑똑한 소비'를 하지만 이와 동시에 자신이 가치를 두는 상품에 아낌없이 투자하는 모습도 보여준다. 항상 경제적으로 여유가 없다고 하지만, 1년간 모은 돈으로 유럽 터키여행을 떠난다. 이러한 영고객들의 가치소비는 자기 자신의 만족을 목적으로 한다는 면에서 VIP고객군에서 보여지는 '과시적 소비'와는 성격을 달리한다.

② 자신의 스타일을 중요하게 여기면서도 트렌드를 의식한다

SPA 브랜드의 등장과 발을 맞추어 영고객의 패션은 비싼 옷을 구매해서 오래 입는 방식에서 저렴하고 예쁜 옷을 여러 벌 사서 돌려 입는 패턴으로 변화했다. 그들은 의류의 선택에서 브랜드의 가치보다 본인의 스타일을 완성하는 방향을 선택했다. 2014년의 트렌드는 평범하거나 클래식한 스타일을 바탕으로 자신의 개성을 살리는 작은 아이템을 매치하는 방식으로 지나갔다. 수많은 패션 브랜드가 범람하는 상황에서 특별한 트렌드가 없는 것이 트렌드가 되었다. 반면 전자기기와 핸드백 같은 잡화 상품에 대해서는 '브랜드' 선호 현상이 여전하다. '자기 만족형' 소비의 또 다른 모습이다.

③ 한곳에 머물지 않고, 다양한 쇼핑 채널을 개척한다

외국어에 익숙한 영고객들은 해외의 오픈마켓이나 의류사이트에서 제품을 직접 주문해 구매하는 '해외 직구'의 채널까지 개척했다. 2012년

707억 원의 규모이던 해외 직구 시장은 2014년 2조 원 규모로까지 성장하였다. 일부 얼리어답터나 패셔니스타에 한정되는 쇼핑방식이 아닌 일반적 구매방식이 된 것이다.

'쇼루밍족'이라는 용어도 일반화 되었다. 오프라인 매장에서 상품을 확인하고, 가격이 더 저렴한 온라인 몰에서 상품을 구매하는 '쇼루밍족'은 스마트폰 등의 전자기기를 자유롭게 사용하면서 기존 유통 시스템을 흔들었다. 영고객은 과거의 고객들과 달리 백화점이나 특정 온라인 스토어에 머물지 않는다. 끊임없이 더 좋고, 자신에게 많은 편익을 주는 채널을 탐색하고 옮겨 다닌다.

영고객 배려 서비스
① '서포터supporter'의 입장에서 서비스하라

부모의 권유나 지시로 선택을 강요받던 기성 세대와 달리 영고객들은 경제적 풍요를 바탕으로 성장기부터 소비주체로 자라왔다. 때문에 본인의 만족과 개성이 상품을 선택하고 의사결정을 하는 유일한 기준이 된다. 충분한 정보 검색능력을 가지고, 자기 만족을 기준으로 구매하는 영고객에게 선을 넘는 조언이나 상품추천은 역효과를 일으킬 수 있다. '이 직원은 나에 대해 잘 모르면서 너무 오지랖 넓게 간섭하는군.'이라고 생각할 수 있기 때문이다. 적정한 거리를 두고, 고객에게 도움이 필요할 때 다가

갈 수 있도록 곁에 머물자.

② 고객보다 더 많이, 더 깊게 공부하라

영고객들은 인터넷과 SNS뿐만 아니라 다양한 매체들을 통하여 대량의 정보를 단시간에 습득한다. 온라인 커뮤니티에서 활동하며 브랜드나 상품에 대한 분석과 평가를 공유하기도 한다. 때로는 자신이 소비하는 상품과 브랜드에 대하여 직접 판매를 하고 있는 직원보다 더 많은 정보를 가지고 있는 경우도 있다. IT기기, 시계, 화장품과 같이 전문성이 필요한 상품군의 경우에는 그러한 경향이 더욱 두드러진다.

자신보다 상품지식이 부족한 직원의 말을 어떻게 믿을 수 있을까? 영고객들을 응대하며 신뢰를 주기 위해서는 그들보다 더욱 많은 공부를 하고, 주기적으로 정보를 업데이트 해야 한다. 만약 영고객을 주요타깃으로 하고있는 매장의 직원이라면, 그들이 활발하게 활동하는 온라인, 오프라인 커뮤니티에 가입하여 무엇이 그들을 열광시키는지, 선호하는 상품과 서비스가 어떻게 변화하는지 주기적으로 파악하는 것이 필요하다.

"시니어고객에게는 편안함이 곧 배려다"

지난해 가족들과 패밀리레스토랑에서 환갑잔치를 마친 김성일 씨 (61세, 정년퇴임)는 요즘 캠핑의 재미에 흠뻑 빠졌다. 텐트와 침낭부터 시작해 하나둘 모아온 캠핑용품은 김성일 씨의 보물이 되었다. 스토브와 코펠, 랜턴까지 하나하나 기능과 사용법을 공부하며 구매하는 캠핑용품 쇼핑은 소소한 즐거움이 되었다. 주말마다 친구와 지인을 초대해 근교의 오토 캠핑장으로 향할 때면 잃어버리고 있었던 자신의 삶을 찾는 것 같은 기분이 들어 절로 미소가 나온다. 이번 주말에도 대학 동창과 약속한 캠핑 준비를 하는데, 자주 이용하는 백화점 직원으로부터 문자가 왔다.

'안녕하세요. 김성일 고객님, ○○아웃도어 김상헌 매니저입니다. 지난 주 내장산 산행은 즐거우셨나요? 새로 구매하셨던 등산화가 불편함은 없었는지 궁금합니다. 그리고 내일부터 캠핑용품 30% 할인행사가 진행됩니다. 고객님, 지난번에 구매를 고민하셨던 바베큐 테이블도 30% 할인되니, 들르셔서 한번 둘러보세요^^'

○○아웃도어 김상헌 샵매니저는 김성일 씨가 가장 신뢰하는 직원이다. 자신의 캠핑 스타일에 대해서 잘 알고 꼭 필요한 제품을 소개해주며, 세심하게 응대해 주는 모습이 정이 간다. 김성일 씨는 김상헌 매니저의

친절한 안내를 보고 그동안 구매를 미루었던 바베큐 테이블을 장만해야 겠다고 생각했다.

경제적 여유와 고학력을 특징으로 하는 시니어 고객군은 또래들과 어울리며 적극적으로 취미, 여가활동을 즐긴다. 몇 년간 레저와 스포츠 시장의 성장을 이끈 것도 시니어고객이었다.

이들은 사회에서 여전히 기업대표나, 임원으로서 왕성한 경제활동을 하기도 하며, 또는 정년 퇴직 후 제2의 인생을 누리고 있기도 하다. 어느 경우일지라도 활발한 활동량을 유지하며 자신의 영향력을 유지하고자 한다는 것은 공통된 성향이다.

또 한 가지 특징은 시니어고객이 스스로를 더 젊게 인식하며, 실제 젊은 사람들의 라이프 스타일을 지향한다는 점이다. KDI(한국개발연구원)의 연구에 따르면 60세 이상 시니어 중 71.2%가 자신을 실제 나이보다 젊게 느끼고 있었다. 특히 연령대가 높을수록 실제 나이와 자신이 인지하는 나이의 격차가 큰 것으로 조사되었다.

이러한 이유로 과거 시니어세대를 지칭하던 '실버세대'와 같은 용어는 당사자들에게 점차 외면받았다. 백발이 무성한 '노인'의 이미지를 떠올리게 하는 '실버'라는 표현에 대하여 그들이 거부감을 느낀 것이다. 그 후로 '실버세대'를 대체하는 '시니어세대', '액티브시니어', 'GG(great generation)세대'라는 용어가 탄생했다. 하지만 위의 용어들도 시니어고객(이 책에서는 시니어고객이라는 용어로 통칭한다)들에게 환영받지 못했다. 그들의 이유는 처음부터 일관되었다.

"우리에게 나이 들었다고 이야기하지 마라!"

시니어고객의 소비심리

① 자부심과 자존감 사이에 위치한다

시니어고객을 일컫는 또 다른 마케팅용어인 GGGreat Generation세대라는 말에는 우리나라의 근대화와 민주화를 동시에 이루어낸 '위대한 세대'라는 의미가 들어있다. 대한민국 경제기 급격하게 발전하던 1960~70년대 유년기나 청년기를 보냈고, 1980년대 경제발전의 주역으로 활동했던 '프라이드'가 시니어고객에게서 보여지는 공통점이다. 짧은 기간 동안 대한민국 경제, 정치에 있어서 괄목할 만한 성장을 이룬 시니어세대는 스스로 자부심을 가슴에 품고 있다. 하지만 경제활동의 일선에서 물러난 후, 시니어고객들의 '자부심'은 '자존감'의 유지라는 문제로 이어졌다.

영국의 마케팅 컨설팅회사인 인볼브 밀레니엄Involve Millennium의 조사에 의하면, TV에서 방영되는 광고가 자신들과 관련이 없는 것 같다고 응답한 50~64세 응답자는 63%에 달했다. 65~74세 응답자의 경우에는 더욱 높은 68%의 수치를 보였다(〈Marketing Week〉 2011.7) 많은 시니어고객들이 경제 주체로서는 소외받고 있다고 느끼는 것이다. 이런 시니어고객들의 심리는 역설적으로 자신에 존재를 사람들에게 끊임없이 알리고, 확인 받고자 하는 모습으로 투영된다. 시니어고객이 가족이나 주변인들의 선물을 구매하는데, 자신의 생활비보다 많은 비용을 지출하는 모습도 이러한 심리를 반증한다.

② 직원과 고객의 신뢰관계가 구매에 가장 큰 영향을 미친다

시니어는 관계를 중요하게 여긴다. 연령이 많아질수록 고독이나 불안감에 빠지지 않기 위해 타인과 지속적인 관계를 맺고 유지하고자 한다. 이러한 이유로 시니어고객에 대한 직원의 인간적 신뢰관계는 중요한 서비스 요인이 된다. 상품이나 브랜드의 트렌드에 따라 선호도가 쉽게 바뀌는 영고객과 달리 시니어고객은 한번 형성된 인간적 신뢰관계에 대하여 높은 가치를 둔다. 시니어고객을 응대할 때에는 순간의 이해관계를 계산하기보다 앞으로의 관계를 위하여 고객과의 신뢰를 형성하는 것이 중요하다. 상품을 무리하게 권하거나 판매하려 하지 않고, 고객의 입장에서 정보를 제공하고 필요한 것을 도와드리는 것이 좋은 자세다.

③ 주변인들의 평가에 더욱 크게 반응한다

시니어고객들은 새로운 상품이나 서비스를 받아들이는데 본인이 소속된 커뮤니티나 주변인의 평가에 더욱 크게 반응한다. 오랜 소비경험을 토대로 TV 광고나 언론 홍보에 대한 '실망(?)'을 경험했기 때문이다. 때문에 시니어고객들은 자신과 유사한 환경 속에서 같은 맥락의 소비를 하는 사람들이 내리는 평가를 더욱 안전하게 여긴다. 나와 비슷한 사람의 평가를 참조했을 때, 상대적으로 구매의 만족도가 높아진다고 생각하기 때문이다.

시니어고객 배려 서비스

① 나이를 상기시키지 마라

'Old'라는 표현이 담긴 상품을 선택하고 싶어하는 시니어고객은 없다. 비록 그 상품이 시니어만의 수요를 충족시켜주는 '시니어 포커스 카테고리'일지라도 말이다. '고령'을 연상시키는 제품과 응대 서비스는 시니어에게 환영받을 수 없다. 하지만 모순적이게도 그들은 시니어를 위해 만들어진 제품에 대한 제품과 서비스는 간절히 원하고 있다. '고령'의 나이를 상기시키지 않으면서도 자신을 위한 제품이라는 것을 어떻게 설명해야 할까? 상품의 특징을 강조하되 'Anti-Ageing'보다 'Stay Young'이라는 표현으로 바꾸어 사용하자. 시니어고객만을 위한 것이 아닌 전 연령대의 고객들에게 보편적으로 필요한 기능임을 강조해도 좋을 것이다.

② 편안하게 이야기할 수 있는 친구가 되라

자랑하고 싶은 일이 생겼는데, 자랑할 상대가 없으면 입이 간질거리고, 누구라도 찾아 이야기하고 싶었던 경험이 있지 않은가? 반대로 좋지 않거나 부끄럽게 생각하는 일을 누군가 물어보았을 때에는 괜히 기분이 나빠지고 자리를 피하고 싶어진다. 시니어고객에게 즐겁게 대화를 나눌 수 있는 상대는 그리 다양하지 않다. 종종 구매를 하지 않아도 매장에 들리는 시니어고객의 이야기를 충분히 들어 드리자. 그것만으로도 좋은 고객관리가 될 수 있다.

③ '작은 변화'를 유도하자

매일 비슷한 스타일의 옷을 입는 시니어고객에게 전혀 다른 스타일의 옷을 추천해보자. 어떠한 반응이 돌아올까? 시니어고객은 보수적으로 쇼핑하는 경향이 있고, 모험을 선호하지 않는다. 변화를 권유한 직원에 대하여 '이 직원은 나에 대해 잘 모르는군.'이라고 판단하고 다른 매장을 찾을 것이다. 그렇다면 고객이 입고 있는 옷과 같은 스타일의 옷을 추천한다면 어떨까? '지금 입고 있는 옷과 다를 것이 없네. 당장은 옷을 사지 않아도 되겠군.'이라고 생각하고 다음을 약속할 것이다.

근래에 급속히 변화하고 있지만 시니어고객의 소비성향은 여전히 '보수적'이다. 그런 시니어고객에게 편안하면서 마음을 이끄는 응대법은 '작은 변화'를 추천하는 것이다. 지금 입고 있는 옷보다 '조금' 다른 옷, 지금 하고 있는 화장보다 '조금' 더 화려한 메이크업을 추천해보자.

"남성 고객은 변화하고 있다"

남성 고객군은 소비성향이 가장 빠르게 변화하는 집단이다. 과거 남성은 대부분 여성의 쇼핑에 참여한 '조연'의 역할을 벗어나지 못했었다. 남성을 위한 서비스 역시 백화점 안에 휴식공간을 제공하는 정도가 전부였다. 하지만 몇 해 전부터 여성들의 전유공간이던 백화점에 남성 편집샵이 자리를 잡았고, 남성 뷰티시장이 급격한 성장세를 유지하고 있다. '그루밍족Grooming族, 패션과 미용에 아낌없이 투자하는 남자들을 일컫는 신조어', '노무족 NOMU族, No more uncle'과 같은 용어들도 생겨날 정도로 남성 고객군은 관심 받는 쇼핑주체로서 부상하고 있다. 경제력을 갖춘 30~40대 남성들은 외모를 가꾸고 자신에게 투자하는 소비패턴을 가지게 되었고, 50대 이상의 중년남성들은 오래 사는 것보다 젊게 사는 것에 더욱 신경 쓰게 되었다. 이러한 남성 고객군의 지각 변동 속에서 우리는 어떻게 고객을 배려하고 서비스할 수 있을까? 쇼핑의 '주연'으로 돌아온 적극적 소비주체로서의 남성과 여전히 쇼핑의 '조연'에 머물고 있는 남성들은 서로 다른 배려의 서비스가 필요하다.

쇼핑을 즐기는 쇼핑 조이Joy맨

쇼핑 조이맨은 현대 소비사회가 탄생시킨 새로운 인류이다. 패션과 액세서리 등에 많은 관심을 가지고 있으며, 스스로 꾸미는 것이 자연스럽다. 본인의 나이보다 젊고, 생동감 있는 스타일을 추구하기 위해 적극적으로 투자하며 여성들과 마찬가지로 쇼핑을 즐길 줄 아는 남성이다. 이러한 고객은 오히려 직원보다도 많은 쇼핑정보와 자신만의 패션 스타일을 가지고 있는 경우가 많다. 응대 노하우는 다음과 같다.

① 선을 지키는 응대를 하라

쇼핑 조이맨에게는 '영 고객'을 응할 때처럼 선을 지키는 응대가 필요하다. 자신만의 상품과 브랜드에 대한 선호도를 가지고 있는 쇼핑 조이맨에게 직원은 '서포터'로서의 적절한 거리와 도움이 필요할 뿐이다. 과도한 참견과 응대는 고객의 피로도를 높이고, 매장을 불편한 장소로 만들 뿐이다.

② 상호성의 법칙을 기억하라

남성고객들은 상호성의 법칙에 여성고객보다 많이 구속된다. 상호성의 법칙이란 '상대방에게 빚졌다는 마음'을 해소하고자 하는 경향이다. 상대방이 자신에게 호의를 베풀었을 때, 나 역시 상대방에게 호의로 답해야 한다는 마음인 것이다. 매장에 다시 방문한 고객의 얼굴을 알아보고, 음료 한잔이라도 권하는 친절한 서비스는 남성고객에게 마음속에 보이지 않는 '빚'으로 인식된다. 그리고 그 친절함은 호의로 다시 돌아오기 쉽다.

③ 여성고객과 서비스에 차별을 두지 마라

남녀를 불문하고 'Free'를 싫어하는 사람은 없다. 남성고객의 심리도 마찬가지다. 체면상 사은품을 하나 더 달라고 말하지 못하지만, 마음속으로 사은품의 개수 하나하나 계산하고 따지는 것은 남성과 여성고객 모두 마찬가지이다.

쇼핑이 어려운 쇼핑 샤이shy맨

여전히 백화점 쇼핑에서 '조연'의 역할을 벗어나지 못하는 남성고객들이 있다. 어떻게 이 고객들에게 도움을 줄 수 있을까? 사실 쇼핑 샤이맨들은 쇼핑 자체를 불편해 하는 것이 아니라 상황과 장소를 불편해 한다. 이들은 백화점 쇼핑을 부담스러워 하면서도 온라인쇼핑에는 많은 시간과 비용을 투자한다. 백화점이라는 익숙하지 않은 공간에서 쇼핑을 '여가'로서 즐길 준비가 되지 않은 것이다. 샤이맨을 조이맨으로 만드는 방법은 쇼핑을 편안하고 익숙하게 만들어 주는 것이다.

① 천천히 둘러볼 수 있도록 충분한 시간을 주자

백화점이라는 공간이 어색한 쇼핑 샤이맨에게 직원의 밀착 응대는 '어서 구매하세요.'라는 부담으로 받아들여질 수 있다(실제 직원은 친절을 베풀기 위한 행동이었음에도 불구하고). 남성고객이 먼저 도움을 청하지 않는다면 "천천히 둘러보시고, 필요한 것 있으면 말씀해 주세요."라는 말 한마디와 시간을 주는 것이 도움이 될 것이다.

② 과감하지 않은 '기본'을 추천하자

쇼핑에 익숙한 사람들은 자신에게 어울리는 스타일과 브랜드를 알고 있지만, 쇼핑 샤이맨들은 그렇지 못하다. 과감하지 않고 활용도가 높은 '기본'을 추천하는 것이 구매 후의 만족도를 높인다. 고객이 확신하지 못함에도 개성이 강한 상품을 추천한다면, 쇼핑 샤이맨은 '그 직원 때문에 원하지 않는 상품을 구매했어.'라는 생각으로 며칠을 후회할 것이다.

③ 여성고객과 함께 쇼핑을 왔다면?

쇼핑 샤이맨은 혼자 쇼핑을 오는 경우가 거의 없다. 다른 남성과 쇼핑을 오는 경우 위의 응대 포인트를 참고하면 되겠지만, 부인이나 여자친구와 같이 이성과 동행한 경우 조금 더 신경 써야 할 부분이 생긴다. 먼저 상품 구매의 결정권을 '쇼핑샤이맨'과 '여성'이 함께 가진다는 점을 인식해야 한다. 남성과 함께 동행한 여성에게도 상품을 추천하고, 함께 응대하는 것이 중요하다. 보기 좋은 커플의 모습을 칭찬하는 것도 좋을 것이다.

무조건 친절하다고 해서 고객에게 무한대의 만족감을 심어줄 수 있는 것은 아니다. '배려'에도 종류가 있다. 고객의 유형과 상황에 따라 다양한 색의 서비스가 제공되어야 한다. '고객 맞춤형 응대'는 다양화된 시장의 새로운 서비스 전략 과제가 되었다. 다양한 고객군을 이해하고 그들이 어떤 특성을 가지고 있는지 분석하고 대응하는 것이 앞으로의 서비스 만족도에 많은 영향을 미칠 것이다.

03

배려에서 시작되는
글로벌 서비스

　한국관광공사의 관광통계에 따르면 2014년 한 해 동안 우리나라를
방문한 외국인 관광객 수는 1,400만 명으로 역대 최대치를 기록했다. 이
중 중국, 일본의 관광객은 전체 관광객의 약 60%에 이르렀다. 전문가들
은 드라마와 음악에서 시작된 한류가 문화라는 영역을 넘어 한국 제품과
서비스에도 퍼지고 있는 것이라고 분석했다. 이미 해외에 8개점을 운영
하고, 아시아권으로 글로벌 경영을 하고 있는 롯데백화점에게 국내 롯데
백화점을 이용하는 외국인 고객은 '움직이는 글로벌 홍보대사'와도 같다.

　하지만 국내에서 근무하는 내국인 직원들이 외국인 고객을 이해하고

배려하는 서비스를 제공하기란 어렵고 생소한 일이다. 롯데백화점에서는 외국인 고객 서비스의 어려움을 보완하고자 2012년부터 외국인 고객 응대 서비스를 연구하여, 정기적으로 직원교육을 함과 동시에 핸드북 매뉴얼을 발간하였다. 2014년에는 보다 전문화된 외국인 응대 서비스를 확립하고자 중국 현지에서 서비스 전문가를 초빙하는 등 교류를 늘리고, 요우커(중국인 관광객) 응대 전문 강사를 육성하여 글로벌 서비스를 강화해 나가고 있다.

"'만만디'의 중국인, 쇼핑할 때는 빠르다"

2014년 상반기 롯데백화점 본점의 중국인 매출 비중은 전체의 16.5%에 이르렀다. 중국인 고객들은 과거 명품이나 화장품과 같이 일부 상품군을 선호했던 것에서 벗어나 이제는 식품, 의류 등 다양한 상품과 브랜드를 구매하며 매년 급격한 신장세를 보이고 있다. 침체된 내수경기에 '요우커'라 불리는 중국인 고객의 활약은 유통시장에 있어서는 다행인 일이다. 이들을 조금 더 세심하게 배려하기 위하여 롯데백화점 본점에는 중국어가 능통한 직원이 200명 이상 근무하며 맞춤서비스를 강화하고 있다. 통역사원 외에도 중국인들이 선호하는 브랜드의 매장에서도 중국어 능

통직원을 쉽게 찾아볼 수 있다.

중국인 고객의 소비 특징

① **미엔즈**面子, 체면 **소비**

중국의 구매력 있는 소비자들은 믿을 수 있는 제품, 선물했을 때 쉽게 알아볼 수 있는 브랜드를 선호한다. 체면치레를 목숨보다 소중하게 여기는 중국인들에게서 나타나는 '체면소비'의 특징이다. 이들은 명품을 선택할 때에도 브랜드 로고가 크게 노출되어 있는 상품을 선호한다. 또한 대분의 중국인 고객들이 자신이 사용할 물건보다는 다른 사람에게 선물할 수 있는 '세트상품'을 찾는다. 때문에 구성품이 다양하고 정성스레 포장이 된 선물용 기획세트를 먼저 보여주는 것이 좋다.

② **만만디**慢慢地, 천천히**에서 콰이콰이**快快, 빨리빨리**로**

중국인 고객의 일반적 성향에 대하여 우리나라 사람들이 오해하기 쉬운 부분이 있다. 바로 중국인은 '만만디(천천히)'로 대표되는 느린 성향을 가지고 있다는 편견이다. 과거에는 어느 정도 합치되는 부분이 있었지만, 급속한 경제 성장을 하고 있는 중국인들은 결코 '만만디'하지 않다.

중국의 도로만 보아도 그렇다, 자동차 사이에 약간의 틈만 생기면 어김없이 뒤의 차가 빈 공간을 파고들어 온다. 사람들도 마찬가지다. 차가 없는 횡단보도에서 우직하게 신호를 기다리는 중국인은 찾아보기 힘들다. 빠른 속도의 경제 발전과 생존 경쟁이 '만만디(천천히)'의 국민성을 '콰이콰이(빨리빨리)'로 바꾸어 놓은 것이다.

요우커 고객이 쇼핑을 할 때에도 이러한 '콰이콰이'의 성향은 유효하다. 한국에 방문하는 중국인 고객들은 단체 관광코스 중 하나로 백화점 쇼핑을 하는 경우가 많다. 정해진 시간 안에 필요한 품목을 빨리 찾는 것이 필요하다. 때문에 쇼핑을 할 때 중국인에게 제품의 장점을 열거하기보다는 원하는 정보를 신속하고 정확하게 안내하는 응대가 중요하다.

중국인 고객 배려 서비스
① 세트 상품으로 소개하고, 중국인 고객의 속도에 응대를 맞추어라

제한된 여행 일정에 신속히 원하는 선물을 찾아야 하는 중국인 고객을 위해 무엇을 할 수 있을까? 어려운 중국어일지라도 간단한 회화를 공부하는 것이 좋을 것이다. 중국어 회화가 어렵다면, 간단한 단어 몇 가지만으로도 기본적인 응대는 가능할 것이다.

할인된 가격을 안내할 때에 계산기에 금액을 타이핑해서 보여주는 것도 나쁜 응대는 아니다. 그들에게 가장 중요한 것은 정확한 정보를 신속하게 제공하는 것이다.

중국인들이 붉은색과 황색을 좋아한다는 사실은 널리 알려져 있다. 붉은색은 중국인들에게 상서로움과 경사를 상징한다. 또한 귀신을 물리치고, 가정의 안녕을 가져오는 색으로써 중국인들에게 가장 사랑 받는 색이라 할 수 있다. 황색은 '황제'를 상징하는 색으로 풍요, 권위, 고귀함 등을 의미한다. 중국의 거리에서 황색 동상에 붉은색 천을 감아 놓은 것을 흔히 발견할 수 있는 것도 바로 이러한 이유이다.

그렇다면 중국인들이 가장 싫어하는 색은 무엇일까? 검정색이다. 중국인들은 검정색이 죽음을 연상시킨다 하여 한마디로 '불운을 가져오는 색'이라고 해석한다. 호주의 한 카지노에서 중국인 고객을 유치하기 위해 검정색 셔틀버스를 노란색으로 바꾼 일화도 있었다. 우리는 그들의 문화를 얼마나 잘 이해하고, 요우커遊客, 중국인 관광객 고객을 만나고 있을까? 검정색 상품을 선물용으로 추천하는 일은 없어야 할 것이다.

한국인처럼 옷차림을 중요하게 생각하는 민족도 드물다. 단정한 정장에 넥타이와 반짝이는 구두를 신고 출근하는 모습은 성공한 사회인의 표본으로 여겨진다. 사회적 위치가 높아질수록 그에 맞는 복장을 차려 입어야 품위가 유지된다는 생각이 당연하게 통용된다.

하지만 중국인에게 있어서 복장에 대한 동경은 한국인보다 매우 낮다. 서비스나 금융업을 제외하면 청바지나 편한 면바지 차림으로 회사에 출근하는 문화도 자연스럽고, 반바지와 티셔츠 차림으로 결혼식에 참석하는 경우도 볼 수 있다. 때문에 중국인 고객을 응대할 때, 옷차림을 보고 상대방의 지위나 빈부를 판단해서는 곤란하다. 허름한 차림의 요우커 고객이 중국의 유명 기업가일 수도 있다. '복장'에 대한 고정관념을 버리고 요우커 고객을 응대하자.

"꼼꼼하게 따져보고 확인하는 일본인 고객"

2000년대 중반 일본에 방영된 '겨울연가'는 일본 중년 여성층에게 '욘사마 신드롬'을 일으키며 일본 내에 '한류'를 일으켰었다. 이후 '동방신기', '카라' 등의 아이돌 그룹이 'K-POP'의 콘텐츠로 한류 열풍을 이어갔고, 이러한 성공은 패션, 메이크업, 한식 등 한국문화에 대한 학습열기로 이어져 일본인 고객의 한국 방문에도 많은 영향을 끼쳤다. 일본인 고객은 엔저현상으로 인하여 감소세에 놓여있지만, 매년 200만 명 이상의 일본인 관광객이 한국에 방문하는 만큼 여전히 중요한 고객군 중의 하나이다.

일본인 고객의 소비 특징

일본인의 소비특성은 '실속소비'로 정의할 수 있다. 선물용 상품을 주로 찾는 중국인 고객과 달리 일본인 고객들은 건어물(김)과 화장품과 같이 본인이 직접 먹거나 사용하는 물품을 주로 찾는다. 동일한 제품을 구매하는데 소요하는 시간도 중국인보다 2배 가까이 길다. 그들이 자주 질문하고 궁금해 하는 것에 대한 정보를 객관적이고 알기 쉽게 설명하며 응대하는 모습이 중요하다.

친구모임이나 가족단위로 여행을 오기 때문에 쇼핑을 즐길 수 있는 시간도 보다 여유로운 편이다. 중국인이 화장품을 구매할 때 브랜드와 용도를 확인하고 구매를 결정한다면, 일본인은 성분과 주의사항까지 꼼꼼히 체크하고 구매하는 편이다. 이렇게 섬세하고 까다로운 일본인들에게는 제품을 직접 써보고 시연할 수 있는 기회를 주는 것이 좋다.

또한 한류스타를 활용한 상품소개는 여전히 효과적이다. 일본 내 한류는 이제 여러 장르와 카테고리로 세분화 되어 일본사회에 정착하는 단계에 있다. 일본인들에게 인기 있는 연예인과 콘텐츠를 파악하고 트렌드에 맞게 활용하는 편이 좋다.

일본인 고객 배려 서비스

① 화장품은 발라보게 하고, 음식은 맛보게 해라. 꼼꼼한 일본인은 제

품체험을 중요시 여긴다.

② 천천히 설명하고, 세심하게 응대하라. 일본인들의 관점에서 빠르고 강한 한국인의 목소리 톤은 화가 난 사람처럼 들릴 수 있다. 구매를 재촉하듯 말하는 응대 화법은 일본인 고객을 떠나게 할 수 있다.

③ '한류스타' 제품을 소개하라. 한류는 여전히 유효하다. 일본에서 유행하는 한류 콘텐츠와 연예인에 대한 정보를 수시로 업데이트 해라.

세상에 하나뿐인 운동화 밑창

· 미아점 남성스포츠팀 최태양 사원 이야기 ·

따뜻한 봄이 멀지 않은 어느 날이었습니다. 백화점 행사장에서는 스포츠 런닝화 특집전이 한창이었습니다. 그날은 평소 월요일과 달리 유난히 고객님들로 행사장이 많이 붐볐습니다.

그때 행사장에 휠체어를 탄 고객님과 어머니 한 분이 들어오셨습니다.

"안녕하십니까? 고객님, 어떤 상품을 찾으시나요?"

"아… 제가 신을 건 아니고, 우리 딸이 신을 운동화를 찾고 있어요."

어머니는 옆을 가리키며 말씀하셨습니다.

"아~ 네. 고객님, 그럼 가볍고 편한 운동화를 추천해 드리도록 하겠습니다."

저는 고객님과 어울릴 만한 운동화 몇 켤레를 추천하였습니다.

하지만 상품을 살펴보는 어머니와는 달리 고객님은 운동화에 거의 관심을 두지 않았습니다.

"미영아, 운동화 사고 싶다고 했잖아, 왜 마음에 안 드니?"

"그냥 집에 가자, 나 집에 가고 싶어!"

"그러지 말고, 이거 한번 신어 보자. 응?"

어머니 옆에 서서 기다리던 저는, 행사장의 많은 사람들이 고객님의 휠체어를 툭툭 치고 지나가는 모습을 보게 되었습니다.

더군다나 런닝화 행사 특성상 운동화들이 가지런히 진열되어 있지 않고, 수북이 쌓여있어서 휠체어에 앉아 있는 고객님이 운동화를 고르기에는 조금 어려움이 있어 보였습니다.

'북적이는 행사장에서 휠체어를 타고 쇼핑하는 게 쉽지는 않겠구나!'

"고객님, 이곳이 불편하시면 5층 매장에서 편하게 신어 보시는 건 어떠세요?"

그제서야 고객님은 잔잔한 미소를 띠며 고개를 끄덕였습니다.

"좋아요, 고맙습니다."

저는 다양한 종류의 운동화를 챙겨서, 두 고객님과 함께 엘리베이터를 이용하여 5층 매장으로 자리를 옮겼습니다.

행사장보다는 비교적 여유로운 매장에서 고객님은 여러 가지 운동화를 신어 볼 수 있었지요.

"이렇게 신경 써 주셔서 정말 고맙습니다. 우리 딸이 좀 숫기가 없어서요."

"아휴~ 아닙니다. 이렇게 마음에 들어 하시니 오히려 제가 기분이 좋네요."

"다리를 다친 건 아닌데 발바닥 쪽에 문제가 있어서 오랫동안 휠체어를 탔어요. 사람들 시선이 불편한지 집 밖으로 잘 나오지 않으려고 하네요."

'아, 그러셨구나! 우리 외숙모도 비슷한 병으로 오랫동안 고생하셨었는데, 이렇게 매장으로 모시고 오기를 잘했다!'

설레는 표정으로 운동화를 살펴보는 고객님을 보니, 마음이 뿌듯해졌습니다.

"이 신발이 좋을 것 같아요."

"네~ 고객님, 그 신발로 결정하시겠습니까?"

하지만, 막상 저는 고객님께서 결정한 신발을 보고 잠시 망설여졌습니다. 런닝화이기는 하지만 일반 운동화이기 때문에 발이 아주 편할 것 같지 않았습니다.

'만약 우리 외숙모가 이 신발을 신으시겠다면, 자신 있게 추천해드릴 수 있을까?'

잠시 생각을 하던 저는 고객님께 조심스럽게 물어보았습니다.

"고객님, 밑창이 특수 제작되어 조금 더 편하게 신을 수 있는 상품이 있는데 ○○ 브랜드라고 혹시 들어 보셨나요? ○○ 브랜드 제품이 고객님이 착용하시기에 더 편안할 것 같습니다. 다만, 가격대가 지금 구입하신 상품의 4~5배 정도합니다.

"아… 그 가격이라면 조금 부담스럽네요."

"그렇지요? 그래서 제가 생각해봤는데요, 고객님 혹시 저에게 며칠만 시간을 주실 수 있을까요?

제가 본사 수선실에 ○○ 브랜드 운동화처럼 밑창을 고객님 발에 맞게 수선할 수 있는지 알아보겠습니다."

"정말 그렇게 해주실 수 있나요? 정말 고맙습니다!"

"물론 저만의 생각이라 불가능 할 수도 있지만, 고객님께서 조금이라도 좀 더 편하게 신으신다면 제가 더 좋을 거 같습니다."

어머니와 고객님께서 너무나 기뻐하며 돌아가는 모습을 보니 어떻게든 해내겠다는 책임감이 생겼습니다.

다음 날, 저는 운동화 샘플과 밑창을 들고 본사 수선실을 방문하였습니다.

"허허~ 글쎄 어렵다니까!"

수선팀장님은 치료를 위한 밑창을 전문적으로 만들지 않기 때문에 특별 수선은 어렵다는 이야기를 전하셨습니다.

하지만 저는 기대하고 있을 고객님께 실망을 안겨 드리고 싶지 않았습니다. 그래서 수선팀장님께 자초지종을 설명하며 간곡히 부탁드렸습니다.

저의 간곡한 마음이 전해졌던 걸까요? 수선팀장님도 한참을 고민하시다, 여기저기 문의를 해보시더니 한번 해보겠노라는 대답을 해주었습니다.

"아치형 발바닥을 지지할 수 있도록 양쪽 밑창에 덧댐을 하면 훨씬 편할 거야."

"아, 정말요? 팀장님, 정말 고맙습니다! 정말 정말 고맙습니다!"

며칠 후 본사 수선실에서 신발이 도착하였습니다. 여러 사람의 따뜻한 마음이 모아져 정성과 배려가 담긴 세상에 하나밖에 없는 신발이 탄생한 것이지요.

저는 고객님께 기쁜 마음으로 전화를 드렸고, 얼마 지나지 않아 두 분이 함께 오셨습니다.

"얼른 신어봐, 어떻니?"

"엄마! 정말 발이 너무 편해. 이제껏 신어 본 신발 중에 제일 편한 것 같아."

행복해하는 두 고객님을 보며 저도 모르게 가슴이 뭉클해졌습니다.

"정말 정말 고맙습니다."

고객님께서는 연신 고맙다고 말씀하시며 돌아가셨고, 며칠 뒤 매장으로 한 통의 전화가 걸려왔습니다. 목소리를 듣는 순간 그 고객님이라는 것을 직감할 수 있었지요.

고객님께서는 새로 산 신발이 매우 편해서 계속 외출하고 싶다며 기쁜 소식을 전해왔습니다. 이제 따뜻한 봄이 오면, 열심히 운동해서 다음에는 건강한 몸으로 휠체어 없이 매장에 오시겠다는 이야기도 전했습니다.

조금 고생스럽긴 했지만 그래도 수선실을 찾아가길 정말 잘했다는 생각이 들었습니다. 작은 배려로 시작된 고객님의 감동이 오히려 저에게 큰 에너지가 되어 돌아오는 순간이었습니다.

고객을 위한 서비스는 대단한 것이 아니라, 고객의 입장에서 다시 한

번 생각해 보는 마음에서 시작되는 것 아닐까요?

고객님의 행복한 목소리를 들으니, 어느새 제 마음에도 따뜻한 봄이 와 있었습니다.

우리 모두 누군가의 엄마, 누군가의 딸입니다

· 아울렛 청주점 전나무 사원 이야기 ·

"저기 앞에 계신 고객이 결제하지 않은 아이 카디건을 들고 계속 돌아다녀요."

유난히도 매장이 한산한 어느 가을날, 현장 근무를 하던 저에게 매장 직원이 다가와 볼멘소리를 했습니다.

직원이 가리키는 쪽을 보니 젊은 여성고객과 어린 여자아이가 매장 이곳저곳을 이동하며 쇼핑하고 있었습니다.

"마음에 드는 상품을 여러 가지 골라보고, 구매할 상품을 정하시려나 봐요."

"상품을 들고 너무 오랫동안 다른 매장에 계세요."

"알겠어요. 제가 근처에서 살펴보며, 응대를 도와드릴게요."

약간 거리를 두고 그 고객님을 살펴보니 이 매장 저 매장 둘러보시는 모습이 자연스럽기만 했습니다.

그저 꼼꼼하게 상품을 비교하고 구매하시려는 것 같았습니다.

그 모습을 보고 '마음에 드는 상품을 고르면 계산하시겠지.'라고 생각했습니다.

그렇게 몇 분이 지났을까? 다른 매장의 직원이 급하게 저를 찾았습니다. 다음 주에 준비하는 상품 행사에 문제가 생겼다는 것이었습니다. 지켜보던 고객님이 마음에 걸렸지만 일단 급한 문제가 생긴 직원과 이야기하러 내려갔습니다.

잠시 후, 다시 돌아와 보니 그 고객님이 보이지 않았습니다.

'설마! 아니겠지.'

얼른 매장으로 달려가서 직원에게 물어보았습니다.

"아까 그 여성 고객님, 결제하셨어요?"

그 직원도 흠칫하는 표정이었습니다.

"결제 안 하셨는데요. 여기 안 계세요?"

이런, 벌써 백화점을 나가셨으면 어쩌지? 다급하게 찾아다니던 끝에 다른 층에서 그 고객님과 여자아이를 발견했습니다.

여자아이는 방금 전까지 들고 있던 그 카디건을 입고 있었습니다.

저는 조심스럽게 고객에게 말을 걸었습니다.

"고객님, 안녕하세요. 매장 담당자 전나무라고 합니다. 죄송합니다만, 방금 전 3층에서 고객님께서 갖고 계시던 상품을 저희 직원이 결제해 드리지 않은 것 같아서요."

쉽지 않은 말이었지만 최대한 담담하게 이야기했습니다.

고객님은 순간 당황한 빛을 보였지만 곧 싸늘하게 표정을 굳혔습니다.

"결제했는데요."

"죄송합니다, 고객님. 번거로우시겠지만 영수증을 한 번만 확인해 주실 수 있을까요?"

"지금 절 의심하시는 거예요?"

고객님의 목소리가 날카로워졌습니다. 아이는 불안한 기색으로 제 얼굴과 엄마 얼굴을 번갈아 바라봤고요.

"고객님, 고객님께서 언짢으신 것은 이해합니다만, 잠시만 상담실에서 함께 이야기를 나눌 수 있을까요? 몇 가지만 여쭈어 보겠습니다."

"내가 왜 거길 가야 하죠? 내가 뭘 잘못했다고!"

"엄마……."

아이가 엄마 옷자락을 붙들었습니다.

"엄마, 왜 그래? 엄마가 뭐 잘못했어?"

안 가겠다고 버티던 고객님은 아이의 말에 입술을 꼭 깨물더니 날카롭게 말씀하셨습니다.

"가요, 가! 가서 얘기하자고요!"

그런데 고객님은 상담실로 가던 중 갑자기 배를 움켜잡더니 화장실에 들렀다 가겠다고 이야기했습니다.

"갑자기 배가 좀 아프네요. 화장실에 다녀올게요."

"네, 고객님. 화장실은 오른쪽 코너를 돌면 바로 있습니다."

잠시 후 화장실에서 나온 고객님은 아까보다 더욱 당당한 표정이었습니다.

"상담실은 어디죠?" 하고는 저보다 앞장서서 상담실 쪽으로 걸어가셨습니다. 저는 고객님께 크게 결례를 저지르는 건 아닌가 하는 걱정이 밀려왔습니다.

상담실에 도착해서 저는 다시 한 번 양해를 구하고 영수증을 확인해 달라고 말씀 드렸습니다.

"사람을 어떻게 보고 이래? 나 참, 어이가 없어서!"

고객님은 지갑을 뒤졌습니다. 그러다가 가방을 뒤지고, 주머니를 뒤졌지요. 영수증은 나오지 않았습니다.

"분명히 계산을 했는데… 주머니에 넣었다가 흘렸나? 아까 화장실에 갔다가 잃어버렸나 봐요. 잃어버렸네, 잃어버렸어……."

아이가 엄마의 옷자락을 잡아당겼습니다.

"엄마, 카드 있잖아. 카드 보여 주면 되잖아."

"가만 있어 봐. 엄마가 알아서 할게."

아이 말대로 신용카드를 보여 주시면 될 텐데, 고객님은 가방이며 주머니를 뒤지기만 했습니다.

당당했던 태도도 점점 사라졌습니다. 분명히 계산했으니까 자기를 의심하지 말아달라고 울먹이며 말씀하셨습니다.

그러는 엄마가 아이의 눈에도 이상하게 보였나 봅니다. 울먹이는 엄마와, 자기가 입고 있는 카디건을 번갈아 바라보더니 고개를 푹 숙이고 어깨를 들썩이기 시작했으니까요.

아이가 우는 것을 본 고객님은 상담실 직원에게 부탁했습니다.

"잠깐 아이를 데리고 나가 주실래요?"

직원이 아이를 데리고 나간 뒤, 한참 동안 고객님은 흐느끼기만 할 뿐이었습니다. 그러다 마침내 결심한 듯 눈물을 닦고는 이야기를 시작하셨습니다.

그 고객님은 어린 나이에 결혼하여 아이를 낳고 이혼한 분이었습니다. 아이 아빠에게도 경제적으로 도움을 받을 수 없었다며, 혼자 힘으로 아이를 키우기 위해 안 해본 일이 없었다고 말을 이었습니다.

"아무리 억척을 떨어도 아이에게 남들처럼 예쁜 옷 한 벌, 맛있는 음식 한 번 사주기가 힘들었어요."

고생하는 엄마 밑에서 아이도 고생이 많았겠지요. 나이는 어리지만 벌써 애어른이 다 되었답니다. 그런 아이에게 모처럼 선물을 해주고 싶어서 백화점에 데려온 것입니다.

하지만 막상 와 보니 매장에서 파는 물건은커녕 행사 제품조차 너무 비싸서 엄두도 낼 수 없었습니다.

난생 처음 백화점에 와 본 아이는 예쁜 옷을 사주겠다는 엄마의 말에 한껏 들떠 있는데, 그 아이를 실망시키고 싶지 않았겠지요. 그래서 마음에 드는 걸로 고르게 하고는 화장실에 데려가서 얼른 갈아 입혔다는 것입니다.

"내일이 아이 생일이에요."

긴 이야기가 끝났을 때 고객님의 볼에도, 제 볼에도 눈물이 흘러 내렸습니다.

고객님은 그 이야기를 끝으로 입을 다물었습니다. 저도 아무 말도 하지 못한 채 고개만 숙이고 있었습니다.

잘못된 방법이지만 아이를 위해 잘못을 저지른 엄마의 마음과, 이 일로 인해 상처 받게 될 아이를 모른 척할 수 없었습니다.

조금 마음을 추스른 고객님은 옷값을 지불하겠다고 했습니다. 하지만 지갑에서 나온 것은 꼭꼭 접은 천 원짜리 지폐 몇 장과 동전 몇 개뿐이었습니다.

아이가 입은 옷값으로는 턱없이 부족했죠. 고객님은 체념한 듯 말씀하셨습니다.

"정말 죄송합니다. 아이 옷은 돌려드리겠습니다."

머리가 더욱 복잡해졌습니다. 고객님의 사연도 안타까웠고, 엄마를 평생 도둑으로 기억하게 될 아이도 안타까웠습니다.

몸에 생긴 상처는 아물어도 마음에 생긴 상처는 지워지지 않습니다.

고객님의 얼굴에 아이의 얼굴이 자꾸만 겹쳐졌습니다.

저는 직원을 불러 아이를 데리고 오라고 했습니다.

고객님은 멍한 얼굴로 바라만 보고 계셨지요.

아이가 들어오자, 저는 고객님에게 말씀 드렸습니다.

"정말 죄송합니다, 고객님. 저희가 착각을 했습니다. 영수증이 여기 있었네요."

그때 저를 바라보는 고객님의 표정, 아마 평생 잊을 수 없을 것 같습니다.

"언짢게 해드려서 정말 죄송합니다. 다시는 이런 일이 없도록 하겠습니다."

그제야 고객님은 더듬더듬 말씀하셨습니다.

"아, 아니에요……. 그럴 수도 있지요, 뭐."

"저희가 큰 실수를 했습니다. 고객님, 조심해서 들어가세요."

고객님은 몇 번이고 뒤를 돌아보면서 아이를 데리고 상담실을 나가셨습니다.

며칠 후, 연락을 받고 다시 상담실에 찾아가게 되었습니다. 상담실 문 너머로 며칠 전 그 고객이 저를 기다리는 것이 보였습니다.

고객님은 제 손을 꼭 붙잡으시더니 왈칵 눈물을 쏟으셨습니다.

"정말 고마웠어요. 평생 잊지 않을게요."라는 말과 함께 고객님은 카디건 값을 지불하였습니다.

우리 모두는 누군가의 딸이고 엄마입니다. 또한 누군가의 아들이고 아빠입니다. 이성적으로 판단한다면 당연히 옷을 돌려받거나 값을 받았어야 했습니다. 하지만 아이의 실망한 표정을 보고 싶지 않았습니다. 항상 서비스를 이야기하는 관리자의 입장에서 작은 배려를 할 수 있는 가슴조차 없다면 어떨까요? 그 후 두 번 세 번 되새겨 보아도 그날의 결정은 참 잘한 일이었다고 생각됩니다.

노부부의 낡은 핸드백

· 대구점 해외패션잡화팀 강희정 사원 이야기 ·

70대 중반 정도로 보이는 노부부는 매장에 들어서기 전부터 싱글벙글 웃는 얼굴이셨습니다.

"어서 오십시오, 고객님. 무엇을 도와드릴까요?"

저의 질문에 할머니는 쇼핑백에서 낡은 핸드백을 꺼내셨습니다.

"우리 딸이 S사에 다닌다우. S사, 알제? 거기 들어가서 처음 받은 월급으로 사준 가방이야. 아껴 가면서 썼는데 손잡이가 끊어져 버렸어. 이거 수리할 수 있죠?"

자식 자랑에 여념이 없으신 고객님을 보니, 조금 전 미소의 의미를 알 수 있었습니다. 그것은 자식을 사랑하는 모든 부모님의 웃음이었던 거지요.

핸드백은 언뜻 봐도 10년은 족히 넘게 사용한 듯 보였습니다. 손잡이가 떨어졌을 뿐 아니라 테두리는 닳아 있었고, 가죽 전체에 손때가 묻어 있었습니다. 낡고 해지기는 했지만 얼마나 애지중지하며 쓰셨을까요. 핸드백을 들고 나서실 때마다 주위 사람들에게 얼마나 딸 자랑을 하셨을까요. 또 그때마다 얼마나 뿌듯해 하시며 어깨를 쫙 펴셨을까요.

"잠깐만 여기 앉아서 기다리세요. 확인해 보겠습니다."

모델 번호를 찾기 위해 핸드백 안쪽을 살펴보니, 당황스럽게도 그 제품은 가품이었습니다. 정품이면 당연히 있어야 할 지퍼 안쪽의 고유 넘버가 없었던 것입니다. 이런 사례가 종종 있다는 걸 교육 받아 알고 있었지만, 막상 실제 닥치고 보니 곤란했습니다. 정품이 아니라는 것을 어떻게 설명하면 좋을까요? 딸이 선물해 준 거라고 그렇게 자랑스러워 하셨는데, 가품이라고 말씀드리면 상심이 크시겠지요.

"고객님, 이 제품은……."

저는 잠깐 말을 끊고 침을 꿀꺽 삼켰습니다.

"고객님, 이 제품 선물 받으신지 오래되셨죠? 이 제품은 이제 만들어지지 않는 거라서 수선해 드리기가 어렵습니다. 부품을 구할수가 없어서요."

이렇게 말씀 드리는 것이 노부부의 마음을 다치게 하지 않는 가장 좋은 방법이라고 생각한 거지요. 하지만 그건 제 착각이었습니다.

"백화점에서 팔았으면 백화점에서 책임을 져야지! 세상에 이런 법이 어디 있노!"

"저… 고객님……."

"우리 딸 불러와야 쓰겠나! 영감, 전화 좀 해보소!"

이 일을 어쩌면 좋을까요? 매장 안에서 소동이 일어나게 생겼습니다.

"고객님, 진정하시고요. 그럼 제가 따님께 전화해서 설명을 드리겠습니다."

따님의 연락처를 받긴 했지만, 차마 고객님 앞에서 전화를 할 수가 없었습니다. 다른 직원에게 고객님 응대를 부탁하고 휴대폰을 들고 밖으로 나왔습니다. 하지만 일이 안 되려고 그랬는지, 그 따님되시는 분하고는 통화가 되지 않았습니다. '연결이 되지 않습니다'라는 안내원의 친절한 멘트가 그날따라 왜 그리도 야속하던지요.

그 순간 매장 쪽에서 큰소리가 들려왔습니다.

"뭐하고 있노? 책임자 불러온나! 내가 직접 따져야겠다!"

따님과의 통화보다 고객님을 진정시키는 게 더 급했습니다.

"고객님, 지금 따님하고 전화 연결이 안 되네요. 많이 바쁘신가봐요. 일단 핸드백을 두고 가시면 어떻게든 도와드릴 수 있는 방법을 찾아보겠습니다."

그 순간 전화가 왔습니다. 휴대폰을 보니 따님되는 분의 번호였습니다. 다행이다! 저는 다시 매장 밖으로 달려 나와 전화를 받았습니다.

제 설명을 들은 따님은 한참 동안 말이 없으셨습니다. 그 마음이 이해되었기에 저도 잠자코 있었습니다. 한참 만에 어렵게 나온 한마디.

"정말 죄송해요. 일단 핸드백은 받아 주시고 부모님께는 아무 말씀 말아주세요."

매장으로 돌아와 보니, 노부부는 아직도 노여움이 가라앉지 않으신 모양이었습니다. 매장 분위기 역시 어색하기 짝이 없었지요.

저는 결심했습니다.

"고객님, 최대한 같은 재질로 수선해 드리겠지만 색깔은 조금 달라질 수 있어요. 괜찮으시겠어요?"

잔뜩 찌푸려졌던 고객님의 얼굴이 다시 활짝 펴졌습니다.

"꽤안타! 꽤안타! 우리 딸이 사준 거라 갖고 있으면 된다. 메이커 아이가, 메이커."

노부모님은 오실 때처럼 자랑스러운 미소를 지으며 돌아가셨습니다. 하지만 저는 한숨을 쉬었습니다. 규정에 없는 수선이었기 때문에 본사에 보내 수선할 수는 없습니다. 저는 일단 백화점 주변의 수선집을 찾아다녔습니다.

"이거 오래된 가방이네요. 지금은 이런 버클을 구할 수 없어요."

"손잡이 색깔이 비슷하면 디자인이 달라지고, 디자인이 비슷하면 색깔이 달라지고……. 차라리 수선 안 하시는 게 나을 거 같네요."

여러 집을 돌아다녀 봤지만 돌아오는 대답은 비슷비슷했습니다.

소득 없이 백화점으로 돌아오는데, 조그마한 빈 핸드백이 천근만근

무겁기만 했습니다.

하지만 포기하지 않았습니다. 이틀 후, 유명한 수선집을 수소문해 찾아갔습니다. 이 낡은 핸드백과 분위기가 비슷한 허름한 수선집이었습니다. 다른 곳에서는 기존 가방 디자인에 맞추려고만 하다가 수선이 안 된다고 고개를 저었는데, 그곳에서는 이 가방에 어울리는 디자인을 추천해 주시는 겁니다. 수선하시는 분과 머리를 맞대고 디자인을 선택했고, 수선도 깔끔하게 마무리되었습니다. 일단 제 마음에는 들었습니다.

"고객님 마음에도 들었으면 좋겠는데……."

걱정 반 기대 반, 매장으로 돌아와 고객님께 연락을 드렸습니다.

고객님은 기다렸다는 듯이 한달음에 달려오셨지요. 조심스럽게 핸드백을 보여 드렸습니다. 걱정과는 달리 고객님은 주름진 손으로 만져 보고 또 만져 보며 너무도 좋아하셨습니다.

"그래, 요래 이쁘게 되는 것을. 아가씨, 고맙데이."

"시간이 오래 걸려서 죄송해요. 앞으로 10년은 더 들고 다니실 수 있을 거예요."

우여곡절 많았던 핸드백 수선은 이렇게 마무리되었습니다.

그렇게 상황이 정리되고, 1주일쯤 지난 일요일 오전, 40대 중반 쯤 되어 보이는 여자분이 매장에 찾아오셨습니다. 아무 대화를 나누지 않았어도 첫눈에 알아볼 수 있었습니다. 그 할머니와 똑같은 미소로 제게

케이크 상자를 내미셨으니까요.

"모임 때마다 천가방을 들고 나가시는 엄마한테 버젓한 핸드백을 사드리고 싶었지만 그땐 돈이 없었어요. 며칠 전 가족 모임에서도 옛날에 사 드린 그 가방을 자랑하시는데, 부끄러워서 혼났어요. 진작 좋은 걸로 사 드렸어야 했는데. 어머니들 사이에서 인기 있는 가방으로 하나 주세요."

곤혹스러웠을 텐데 배려 깊게 어머니를 응대해주어서 고맙다고 이야기한 고객은 그날 어머님 핸드백은 물론 아버님의 벨트와 본인 지갑까지 구매하고 돌아가셨습니다. '옷깃만 스쳐도 인연'이라는 말이 있습니다. 불가에서 나온 속담으로, 인간이 살면서 부딪치는 사소한 만남이라도 전생의 인연에서 비롯된다는 뜻입니다. 옷깃만 스쳐도 인연인데, 그렇다면 제 앞에 계신 저와 마주하고 있는 '고객'이란 존재는 저와 얼마나 깊고 깊은 인연으로 얽혀 있는 소중한 사람일까요. 제 앞에 있는 소중한 그분, 고객님을 생각하며 앞으로도 고객님과의 만남을 소중하게 여기겠습니다. 저와 인연이 되어 주신 고객님, 고맙습니다.

한국을 대표하는 서비스

· 곽성원 고객 이야기 ·

중국에서 10년 가까이 생활하면서 마음을 터놓고 지내게 된 지인들이 있습니다. 중국 친구들한테 크고 작은 도움을 많이 받았었지요. 긴 중국 생활을 정리하고 한국에 돌아온 지 벌써 1년, 하지만 그늘과의 인연은 계속 이어가고 있습니다.

"여보세요? 나야. 한국에서 잘 지내지?"

"응, 잘 지내지. 너는 별일 없고?"

"이번 국경절에 친구들하고 한국으로 여행을 갈까 생각 중인데 가이드 좀 해줘."

"그래, 당연히 내가 해줘야지."

중국 젊은이들은 한국문화를 둘러보는 것보다는 쇼핑, 음식 체험 그리고 한국 친구를 사귀는 것에 대한 꿈을 가지고 있는 것 같습니다. 문화재로 지정되어 있는 어느 곳을 가도 중국의 궁궐이나 생활문화가 비슷한 것이 많기 때문입니다. 그래서 한국 특유의 젊음과 활기를 느낄 수 있는 공연 관람과 쇼핑이 포함된 일정을 짜보았습니다. 가장 기억에 남는 것은 롯데백화점에서 쇼핑하면서 받은 서비스입니다.

한국여행 일정 마지막 날 오후, 여행 기념품과 지인들에게 줄 선물을 구입하기로 했습니다. 간단히 점심을 먹고 쇼핑에 대한 기대감으로 커피도 제대로 마시지 못하고, 바로 롯데백화점으로 향했습니다.

입구에 들어서자마자 느껴지는 화려함과 기분 좋은 향기들. 직원들의 환한 미소를 보면서 자부심도 생기고 기분도 좋아졌습니다. 어느새 저도 중국 친구들과 같이 목소리도 커지고 말도 많아졌습니다. 그때의 제 모습은 누가 봐도 중국인이었습니다.

화려한 의류매장과 부모님 선물용으로 넥타이 등을 구경한 후 가장 관심이 많은 화장품 매장이 있는 1층으로 내려왔습니다. 우리는 연령대가 다양했지만 한국 화장품에 대한 관심은 어른이나 아이나 마찬가지였지요. 이렇다 할 브랜드를 정하지도 않고 입구에서 가까운 곳부터 화장품 매장을 돌기 시작했습니다. 서너 개의 브랜드를 지나쳤을까? 공통적으로 관심을 갖고 있는 한 브랜드 매장 앞에서 약속이나 한 듯이 서서 제품을 구경하기 시작했고, 직원의 응대를 받았습니다. 중국인들은 아직까지 다양한 느낌의 제품보다는 몇 가지 브랜드에 관심을 집중하고 있는 듯했습니다.

우리 인원은 총 7명. 여기저기 쏟아지는 질문을 통역해서 직원에게 전달하고 다시 친구들에게 설명해주다 보니, 제대로 통역을 하고 있는지도 모를 정도의 상태가 되었습니다.

들어선 지 10분도 채 안 되어 꺼내 놓은 화장품 가지 수만 10가지가 넘었지요. 다행히 여행객 대응에 익숙한 직원이 한 명 더 와주었지만, 점점 긴장되어 얼굴이 상기되는 것은 감출 수 없었습니다. 중국 친구들은 향도 맡아보고 발라보면서 또 다른 것을 보여달라고 하였습니다. 어떻게 해야 하나 미안한 마음에 친구들을 좀 자제시키고, 직원의 얼굴을 살짝 바라봤는데 직원은 괜찮다고 하면서 웃어주었습니다. 마음은 좀 안정이 되었지만 안절부절하기는 마찬가지였습니다.

중국 백화점에서 이렇게 했다면 벌써 직원은 얼굴에 인상을 쓰고 언성을 높였을 것입니다. 신기한 것은 그네들의 문화인지 고객들도 그다지 기분 나빠하지 않습니다.

하지만 여기는 한국의 롯데백화점! 그들과는 격이 다른 서비스를 제공해주고 있었습니다. 이렇게 한 매장에서 제품을 구경한 지 40분 가량이 지났고 친구들에게 결정을 좀 하라고 여러 번의 당부를 했지만 알았다고 하면서도 그들끼리 토론 아닌 토론을 벌였습니다. 서로의 생각을 물어보고 다 골라놓은 화장품은 밀어놓고 다른 친구가 고른 화장품에 관심을 가지고 다시 이야기를 시작했습니다. 지칠 줄 모르는 쇼핑의 끝은 오는 것인지, 등에서 식은땀이 흐를 지경이었습니다.

그 순간 뇌리를 스치는 불길한 예감!

'거의 1시간을 괴롭혀놓고 살 만한 게 없다고 하면 어쩌지? 제발 하나라도 꼭 사라.'

도와주고 있는 직원도 나와 같은 생각을 하고 있을 거 같아 눈치를 보았는데, 직원은 처음부터 끝까지 천사 같은 미소와 상냥한 말투로 안내해 주었습니다.

"죄송합니다."

저는 작은 목소리로 눈인사와 함께 직원에게 미안한 마음을 전했습니다. 20분 정도 더 흘렀을까?

드디어 결정을 한 것 같았습니다. 다행히 친구들은 각자 화이트닝 에센스, 기초라인, 향수, 파우더, 아이새도우를 사겠다고 했습니다. 계산을 부탁하자, 직원은 신속하고 정중한 태도로 계산을 시작했습니다. 마음이 한결 놓여 친구들에게 화장품 잘 고른 것 같다며 칭찬해주고 화기애애한 분위기를 즐기고 있었습니다. 직원은 샘플도 챙겨주고 마지막까지 친절하게 하나하나 설명해주었습니다.

이제 결제하면 된다고 친구들에게 이야기했고, 쇼핑이 마무리되는 듯했습니다. 그런데 한 친구가 지갑을 꺼내 들고는 중국어로 이렇게 이야기했습니다.

"얼마나 깎아줄 수 있나요?"

'아차!' 싶기도 하고 난처하기도 했습니다.

"○○야, 여기는 할인해 주는 곳이 아니야."

하지만 그들 역시 나만큼 당황하는 모습이었습니다.

"정말? 할인을 안 해주는 백화점이 어디 있어?"

중국은 땅이 넓은 탓에 지역마다 그 지역에서 유력한 상점이 백화점으로 발전하고 그 지역을 장악하고 있습니다. 그래서 유명한 백화점이 지역마다 다릅니다. 또한 그 지역에서 생기고 자리 잡은 곳이라 자체 할인도 있지만 말만 잘하면 더 할인을 받을 수 있기도 합니다. 대도시에서 생활한 친구들이 아니라는 것을 생각해보니 이해도 되었습니다.

이 상황을 직원에게 얘기할 수도 없고 친구들을 설득할 수밖에 없는 상황이었기에 난 한국과 중국의 백화점을 비교하고 또 대도시에 있는 큰 백화점들은 중국도 한국과 마찬가지인 점을 들어 오해가 없도록 자세히 설명해 주었습니다.

하지만 이런 저의 노력에도 불구하고 친구들은 할인해주지 않으면 구매하지 않겠다고 했습니다.

'안 살 거면 이것저것 다 꺼내놓지나 말지.'

한숨을 쉬며 미안한 눈으로 직원을 쳐다보았습니다. 처음부터 끝까지 도와준 직원과 옆에서 보조해준 직원을 번갈아 쳐다보면서 차마 떨어지지 않는 입을 떼었지요.

"저… 죄송한데요."

"고객님, 괜찮습니다."

상황을 지켜보던 직원들은 먼저 이렇게 말하며 미소까지 지어주었습니다. 그 순간에도 제 친구들은 옆에서 다른 제품을 보며 또다시 이것저것 물어보았지요.

'이런, 미안한 줄도 모르고…….'

하지만 직원은 구매 시 주려고 했던 화장품 샘플을 친구들에게 건네주면서 사용해보라고 했고, 저에게 샘플 뒤에 사용설명이 되어 있으니 친구들에게 전해주라고 했습니다. 기뻐하는 중국 친구들을 보며 롯데백화점의 서비스와 한국의 서비스를 대표해서 보여준 직원들에게 고마웠습니다.

그때는 부끄럽고 미안한 마음에 얼른 매장을 나왔는데, 이렇게 글을 쓸 수 있는 기회를 통해 그 직원에게 감사했다는 인사를 꼭 드리고 싶습니다.

우리나라의 얼굴과 같은 그런 훌륭한 직원을 만들어주신 롯데백화점에도 진심으로 감사한 마음을 전하고 싶습니다. 롯데백화점이 제품이나 규모뿐 아니라 고객을 진심으로 배려해주는 서비스 역시 대한민국 최고의 쇼핑몰임을 믿어 의심치 않습니다. 한국 여행을 마치고 돌아간

중국 친구들의 마음에도 롯데백화점과 한국의 서비스가 행복한 자락
으로 남아 기억될 것이라고 믿습니다.

고객이 떠나지 못하는 백화점

· 장미자 고객 이야기 ·

지난해, 여름휴가 계획을 세우고 들뜬 마음으로 집 근처 롯데백화점을 찾았습니다. 가까운 거리였기 때문에 집에서 입던 옷에 슬리퍼 차림이었지요.

백화점에 도착한 저는 에스컬레이터를 타고 곧장 수영복을 파는 5층으로 올라갔습니다. 한창 휴가철이어서 그런지 백화점 안은 쇼핑하는 사람들로 북새통을 이루고 있었고, 그 사이를 겨우 비집고 들어가 수영복을 골랐습니다. 사야 할 것들을 구입한 후, 백화점 밖으로 막 나오려는 순간 발목을 삐끗하면서 넘어졌습니다. 다행이 발목은 크게 다치지 않았으나 낡은 슬리퍼 끈 한쪽이 뚝 떨어져버렸지요.

'아! 창피해. 어쩌지?'

발을 동동 구르고 있는 그때, 백화점 안내를 하는 예쁘장한 아가씨가 곁으로 다가왔습니다.

"어머나, 괜찮으세요? 안 다치셨어요?"

"아, 네. 발목은 괜찮은 거 같은데 슬리퍼가 떨어져서."

"천만다행이에요. 여기 잠시만 계세요. 금방 올게요."

말을 마치자마자, 아가씨는 급한 걸음으로 어디로 가는가 싶더니 채 몇 분도 되지 않아 헐레벌떡 급한 숨을 몰아쉬며 다시 돌아왔습니다.

"제가 신던 슬리퍼인데 급해서 가져왔어요. 일단 이거 신고 가셨다가 다음에 시간 나시면 가져다 주세요."

"정말 고마워요. 맨발로 어떻게 가나 싶어 걱정이었는데, 여기 신발이나 슬리퍼 판매하는 곳이 어딘가요?"

"그냥 이거 신고 가셔도 되요."

"아니에요. 어차피 슬리퍼가 떨어졌으니 새로 사야 하는데요, 뭘."

"아, 네. 1층 저 안으로 들어가시면 있습니다. 제가 모셔다 드릴게요."

"괜찮아요. 발목은 안 다쳤고 이제 아가씨가 준 슬리퍼를 신고 가면 되니까 아무 문제 없어요. 슬리퍼 사 신고, 이 슬리퍼는 도로 가져다 드릴게요."

"네, 그래도 발목 조심하시고요. 이 떨어진 슬리퍼는 버리실 건가요? 그럴 거면 제가 버릴 테니 주세요."

괜찮다고 했지만, 아가씨는 어서 슬리퍼 사러 가시라며 제가 신던 슬리퍼를 두 손으로 집어 들었습니다.

미안하고 고마운 마음도 전하지 못한 채, 얼른 새 신발을 사서 아가씨가 건넨 슬리퍼를 들고 안내데스크로 향했습니다.

"아가씨, 슬리퍼 여기 있어요. 정말 고마웠어요."

"별말씀을요. 길 한복판에서 슬리퍼가 떨어지지 않아서 그나마 다행이에요."

저는 두어 번 다시 고맙다는 말을 남긴 채 백화점을 나왔습니다.

한창 여름이라 찌는 듯한 더위로 꽤나 짜증이 나는 날씨였지만, 처음 보는 아가씨가 베풀어준 친절과 서비스에 저의 하루는 포근하고 행복했습니다.

여름휴가를 마친 후, 반찬거리를 사러 다시 롯데백화점을 찾았습니다. 후문으로 나오다가 슬리퍼를 주었던 그 아가씨가 생각이 나 정문으로 발길을 돌렸지요. 아가씨는 변함없이 환한 미소로 고객들에게 90도로 허리를 굽혀 연신 인사를 하고 있었습니다. 저는 망설임 없이 아가씨에게로 다가가 아는 체를 했습니다.

"저 알아보시겠어요?"

"아, 네. 그럼요. 안녕하세요?"

하루에도 수십, 아니 수백 명이 넘는 얼굴을 대하는 직업이므로 당연히 기억을 하지 못할 거라 생각했는데 의외로 아가씨는 저를 기억하고 있었습니다. 그 눈썰미와 섬세함에 또 한 번 마음이 흡족했습니다. 저는 시장바구니에서 천도복숭아를 꺼내 포장째로 아가씨 손에 쥐어주었습니다.

"이러시면 안 돼요. 받을 수 없어요. 마음만 감사하게 받을게요."

"그날 너무 고마워서 이렇게라도 하고 싶어요. 별 거 아니지만 받아 줘요."

난감해하며 손사래를 치는 아가씨가 서 있는 데스크 위에 복숭아를 던져 놓다시피 하고서는 다시 후문으로 돌아 나왔습니다. 고단한 하루를 마치고 집으로 돌아가 가족들과 오순도순 둘러 앉아 천도복숭아를 먹을 아가씨의 예쁜 모습이 파란 하늘에 아른거렸습니다.

아마도 아주 오랫동안 그 아가씨가 제 가슴속에 머물러 있을 것 같습니다. 거리에서, 전광판에서, 혹은 잡지나 TV에서 롯데백화점이 보일 때마다 환한 미소의 친절한 아가씨가 오버랩 될 것 같습니다. 당연히 이런 서비스를 받은 백화점을 제가 떠날 일은 없겠지요!

chapter 3

진정성

고객을 마음으로
응대하겠습니다

고객을 마음으로
응대하겠습니다

2014년 방송인 김보성은 '의리신드롬'을 일으키며 제2의 전성기를 맞았다. 검은색 선글라스에 정장을 입고 '의리'를 외치는 김보성에게 사람들은 왜 환호했을까? 철 지난 마초 콘셉트라며 비웃을 수도 있었지만 사람들은 그의 투박한 외침에 조소 대신 호감을 보였다. 한 평생 '의리'를 외치고 다닌 '진정성' 때문이었다. 어려움에 처한 지인들의 요청에 돌려받지 못할 돈을 빌려준 경우도 많았고, 세월호 참사가 일어났을 때에는 대출받은 돈으로 위로성금을 내기도 했다. '의리'에 대한 그의 오래된 말과 행동들이 '진정성'이 되어 사람들의 마음을 움직인 것이다.

진심에는 사람의 마음을 울릴 수 있는 힘이 담겨있다. 많은 전문가와 기업들이 서비스 분야에서 괄목할 발전을 이끌어온 덕에 다양한 서비스

기법과 매뉴얼들이 개발되었지만, 고객 감동의 서비스를 완성하는 것은 결국 '진정성'이다. 그렇다면 기술적으로 상향 평준화된 서비스 경쟁구도 속에서 어떻게 '진정성'으로 차이를 만들어 낼 수 있을까? 서비스 시스템이나 매뉴얼만으로는 직원의 진심을 쉽게 이끌어 낼 수 없다. 서비스 하드웨어는 표준화된 서비스 품질을 유지, 관리하기 위한 장치일 뿐이다. 직원에 대한 믿음과 꾸준한 교육만이 진정성 있는 서비스를 이끌어낼 수 있다.

01

사람이 하는 서비스

휴일 아침 이른 시간에 백화점으로 출발한다. 딱히 필요한 물건은 없지만 친구와 만나기로 약속한 점심 시간 전, 백화점을 둘러보며 새로 나온 상품들을 구경하고 싶기 때문이다. 10시 30분이 되자 백화점 개점음악과 함께 직원들이 문을 양옆으로 열어주며 환한 미소로 인사한다. 향수 코너를 지나다 우연히 맡은 달콤한 향기가 궁금해 직원에게 문의하자 친절한 설명과 함께 시향지를 건넨다. 기분이 절로 좋아진다. 일상 속 스트레스가 자연스레 해소되는 기분이다.

얼굴을 마주보며 감정을 공유하는 응대 서비스는 사람만이 전할 수 있는 서비스 경쟁력이다. 쇼핑의 채널이 다양해지고 온라인 쇼핑시장이 확장됨에도 고객들이 여전히 백화점으로 발걸음 하는 이유는 사람이 전하는 서비스의 따뜻함에 있다. 얼굴을 마주하며 이야기를 나누고, 크고 작은 감정을 공유하며 세심하게 배려하는 서비스가 사람들을 끌어당기는 것이다. 서비스의 본질은 결국 사람이다. 직원 한 사람 한 사람의 진정성 있는 서비스를 격려하고 이끌어내는 노력이 필요하다.

"직원의 로봇화를 경계하라"

"어쩌면 좋죠? 제가 지갑을 잃어버렸어요."

쇼핑 중에 지갑을 분실한 고객이 계산대의 직원에게 도움을 청했다. 상기된 얼굴과 떨리는 목소리에서 그녀가 얼마나 당황했는지 알 수 있다. 고객의 얼굴을 슬쩍 바라본 직원은 사무적인 목소리로 질문한다.

"네, 고객님. 언제쯤 지갑을 잃어버리셨나요? 지갑의 색상이나 특징을 알려 주시겠습니까?"

"10분쯤 전에 지갑이 없어진 것을 깨달았어요. 검은색 페레가모 지갑이고, 가죽재질로 되어 있어요. 안에 현금 7만원 정도와 카드가 들어있고요."

고객의 이야기를 들은 직원은 분실물 센터에 전화해 건조한 말투로 분실물 접수를 한다. 전화를 내려 놓은 직원은 다시 고객을 바라보며 이야기한다.

"고객님, 분실물 접수가 완료되었습니다. 저희 직원이 분실물을 습득하게 되면 연락 드리겠습니다. 연락 가능한 전화번호를 남겨 주시겠습니까?"

"네… 제 연락처는 말이죠……."

분실물 접수를 받는 직원은 정해진 절차에 따라 고객을 응대했지만, 고객은 나급한 사신의 상황과 무관하나는 듯 무심하게 이야기하는 직원을 보며 마음이 더 안 좋아졌다. '이 직원이 분실물 접수는 제대로 했을까? 도와주고자 하는 마음이 전혀 없어 보이는데…….'라는 생각에 불안감이 더 커졌을 것이다. 현장이 시스템과 매뉴얼에 의해 문제없이 작동하고 있는 것처럼 보일 때, 우리는 '직원의 로봇화'를 경계해야 한다.

독일 출신의 미래학자이자 2014년 세계 24위의 갑부인 칼 알브레이트는 서비스의 7대 죄악 중 하나로 '직원의 로봇화'를 이야기했다. '직원의 로봇화'란 직원들이 시스템과 매뉴얼에 맞추어 고객에게 완전히 기계적으로 응대하는 현상을 의미한다. 직원이 고객의 감정을 공유하지 않기 때문에 로봇화된 직원의 응대에서는 따뜻한 인간미를 느끼기 어렵고, 감정을 공유하는 것은 더욱 불가능하다.

이러한 현상은 현장에 즉시 문제를 드러내지는 않지만 고객과의 관계를 점차 약화시켜, 마침내 수많은 고객들을 소리 없이 경쟁사로 떠나 보낸다. 가시적 문제가 없어 보이므로 서비스를 담당하는 관리자 입장에서 문제점을 인식하기가 쉽지 않다.

'직원의 로봇화'는 시스템과 매뉴얼을 지나치게 맹신할 때에 발생할 수 있다. 모든 직원들과 고객을 위한 매뉴얼을 공유하고 습득하되, 그것이 존재하는 목적을 먼저 생각해 보아야 한다.

칼 알브레이트, 서비스의 7대 죄악 Service America (2003)	
무관심(Apathy)	나와는 관계없다는 태도로 고객이 요구하는 서비스만을 제공하는 행위
무시 (The Brush-Off)	고객의 요구나 문제를 못 본 척하고, 응대를 피하는 행위
냉담 (Coldness)	퉁명스레 말하고, 고객의 사정을 고려하지 않는 응대. 적대감을 드러내는 자세
생색내기 (Condescension)	낯설어하는 고객에게 생색내며 서비스를 제공하거나, 마치 고객을 하대하는 듯한 태도
로봇화 (Robotism)	직원이 완전히 기계적으로 응대하므로 인간미를 전혀 느낄 수 없는 태도
규정 핑계 (Rule Book Excuses)	고객만족보다는 내부규정만을 앞세우기 때문에 상식적이지 않은 서비스가 제공되는 상황
'뺑뺑이' 돌리기 (The Runaround)	고객의 요청에 대하여 자신의 담당이 아니라며 책임을 회피하는 행위

"매뉴얼 뛰어넘기"

불과 몇 해 전에도 '솔' 톤의 높은 목소리로 고객을 응대하는 것이 서비스의 정석처럼 받아들여졌었다. '솔'톤의 목소리가 상대방에게 가장 친절하게 들린다는 이유였다. 하지만 현장에서는 미처 생각하지 못했던 일이 발생했다. 불만을 제기하거나 심지어 화를 내는 고객에게도 직원들이 '솔'톤의 목소리로 활짝 웃으며 응대했던 것이다. 투철한 서비스 정신을 가진 직원들은 화난 고객 앞에서도 당황하지 않고 애써 미소 띤 얼굴을 유지하고자 노력했다. 하지만 화가 난 고객의 마음은 어땠을까? '나는 무척 화가 나있는데, 저 직원은 왜 웃고 있지? 문제의 심각성을 못 느끼는 건가'라는 오해를 불러왔을 뿐이었다. 여러 건의 사례가 데이터로 축적된 후, '솔'톤의 목소리 응대 매뉴얼은 마침내 수정되었다. 화난 고객 앞에서는 공감하는 표현과 한 톤 낮은 음성으로 응대하는 편이 더 신뢰감을 주고, 적합한 응대 방법이었다.

모든 매뉴얼은 일반적인 상황을 가정하여 설계되므로 예기치 못한 상황에 대응하지 못하는 한계를 가진다. 설령 모든 경우의 수를 고려하여 완벽하게 설계된 매뉴얼이 존재한다고 해도 두꺼운 매뉴얼을 체득화하기 위하여 많은 시간과 비용의 투자가 필요할 것이다. 나아가 이 매뉴얼이 현장에서 효과를 발휘하기 위해서는 매뉴얼을 학습한 직원의 인사 관리와 현장에 대한 피드백이 유기적으로 병행되어야만 한다.

백화점이라는 유통업태에서는 인사이동이 잦고, 수없이 다양한 서비스 상황이 발생한다. 체계적인 매뉴얼도 중요하지만 때로는 고객의 상황을 이해하고 세심하게 응대하는 직원의 서비스가 고객 감동의 열쇠가 될 수 있다.

와인매장에 한 고객이 방문했다. 스승의 날 은사에게 선물할 와인을 찾는다는 고객의 말에 직원은 다양한 종류의 와인에 대하여 정성스레 설명했다. 원산지별 특징과 포도 품종에 따른 이야기까지 곁들인 직원의 '짧은 강의'가 끝나자, 고객은 웃으며 '반기문 와인'이라는 별명이 붙은 카르멘 리쎄르바Carmen Reserva 와인을 구매하기로 결정했다. 직원이 고객이 고른 와인을 포장하려는 순간 고객이 다급히 이야기했다.

"잠시만요. 은사님께 드리는 선물이어서 포장을 더 신경 쓰고 싶습니다. 리본 달린 박스 포장을 할 수 있을까요?"

직원은 잠시 당황했지만 매뉴얼에 따라 고객에게 친절히 설명했다.

"고객님, 죄송하지만 저희 매장에서는 지정된 브랜드의 포장만 가능합니다. 번거로우시겠지만 추가적인 포장을 원하신다면 1층 선물 포장 코너에서 비용을 지불하시고, 마음에 드는 타입으로 포장하실 수 있습니다."

고객은 시계를 보며 잠시 곤란한 표정을 짓더니 "네, 그렇군요. 설명을 듣다 보니, 약속시간이 벌써 다 됐네요. 어쩔 수 없지요."라고 이야기하고는 그대로 매장을 떠났다. 친절한 설명으로 고객을 응대했지만, 직원은 마음이 불편해졌다. 결국 주차장으로 향하는 고객을 붙잡고 직원이 이야기했다.

"고객님, 약속에 늦지 않게 도와드리겠습니다. 고객님은 주차장에서 차를 가지고 백화점 정문 쪽으로 나오세요. 그동안 제가 포장코너에 들러 리본포장을 해서 정문으로 나가겠습니다."

생각지 못한 직원의 배려에 고객은 감동했고, 다음날 온라인 고객의 소리함voc에 장문의 칭찬글이 올라왔다.

직원의 마음을 여는
서비스 코칭

2013년 모 패스트푸드 체인점의 직원이 고객에게 〈침 뱉은 것 잘 먹었어?〉라는 막말 문자를 보내 사회적으로 물의를 일으킨 사건이 있었다. 사건이 언론을 통해 일파만파 퍼져나가자 결국 해당 업체의 부사장까지 고객을 찾아가 사과했지만, 기업의 이미지는 이미 크게 훼손된 후였다. 한 글로벌 물류회사에서는 직원이 고객에게 배송된 TV모니터를 울타리 너머로 던지는 모습이 CCTV에 촬영되어 홍역을 치른 일도 있었다.

가슴에 명찰을 단 직원 한 명의 무게는 고객 앞에 서는 순간, 기업 전체의 무게만큼이나 무거워진다. 현장에서 근무하는 수많은 직원들의 서비스는 시시각각 고객들에 의해 평가되고, 결국 그 평가들이 기업의 운명을 결정한다. 10년을 넘게 일해 온 직원이든 하루를 일하는 임시 직원이든 마찬가지이다.

롯데백화점에서는 비록 1시간을 일하는 아르바이트 직원일지라도 정해진 필수 입문교육을 이수하도록 하고 있다. 아무리 시간이 부족하고 인원이 모자라도 모두가 공유하는 서비스 가치와 고객에 대한 철학을 모르는 상태로 고객을 만나게 할 수 없다는 신념 때문이다. 위의 사례에서 보았듯 한두 명의 직원이 벌이는 예측 불가능한 사고도 기업에는 치명적인 타격을 준다. 어떻게 하면 수많은 서비스 접점의 직원들을 코칭하고, 현장을 관리할 수 있을까?

"관리자의 솔선수범 없이 변화하는 현장은 없다"

서비스 분야만큼이나 관리자의 솔선수범이 중요한 영역이 또 있을까? 서비스 접점에서 관리자는 스스로가 하나의 역할모델이 되며, 직원들은 관리자의 모습을 보고 고객 서비스의 암묵적 기준을 정한다. 관리자 스스로가 고객을 대하고 이야기하는 자세가 무엇보다 좋은 교육이 되는 것이다. 서비스 관리자는 물론 영업을 담당하는 현장 관리자도 모범적인 서비스 역할모델이 되어야 한다.

롯데백화점의 현장 관리자들은 개·폐점시간에 고객이 가장 많이 이동하는 위치에 서서 모범적인 자세로 맞이인사를 하고, 용모와 복장에서부터 기준이 되고자 노력한다.

앞장서서 솔선수범하는 관리자가 현장을 바꿀 수 있다. 고단하고 티가 나지 않는 일일수록 먼저 행동하는 리더가 직원들에게 보다 높은 차원의 신뢰와 지지를 받게 된다. 고객으로부터 불만이 발생하거나, 어려운 상황이 발생했을 때에도 직원들이 관리자를 믿고 따르는 것은 평소 관리자의 솔선수범하는 모습을 보았기 때문이다.

해외점 직원의 마음을 연 솔선수범

롯데백화점이 중국 선양에 신규점을 오픈할 때의 일이다. 선양점의 서비스담당자들은 한국의 우수한 서비스를 중국에 전파하고자 고민했는데, 그중 한가지가 한국에서 자연스럽게 정착되어 있는 구두 매장의 '착화 서비스'였다.

하지만 서비스담당자들은 이내 어려움에 봉착했다. 무릎을 꿇고 신발을 신겨주는 응대는 한국이나 일본과 같이 서비스가 발달된 국가에서는 자연스러운 일이었지만, 중국에서는 생소한 응대 서비스였던 것이다. 직원들은 자존심이 상한다는 이유로 거부감을 드러냈고, 여전히 신발을 고객에게 직접 건네며 '알아서 신으세요.'라는 태도로 일관했다.

변화하지 않는 직원들을 보며 고민하던 서비스담당자는 한국에서 14년 동안 구두를 판매해 온 우수 샵매니저를 중국으로 초빙했다. 한국에서 온 베테랑 샵매니저가 직접 무릎을 꿇고 현지 직원들에게 착화서비스를 시범 보였고, 뒤이어 한국에서 온 서비스 담당자들과 중국인 영업관리자들도 무릎을 꿇고 직원들에게 시범을 보였다.

그렇게 몇 번이고 반복되는 관리자들의 솔선수범을 보며, 중국인 직원들의 마음도 조금씩 문이 열렸다. 무릎을 꿇고 고객에게 착화서비스를 하는 것이 자존심이 상하는 일이 아니라, 롯데백화점에 근무하는 서비스인으로서 마땅히 가셔야 할 프로의 자세라고 인식하기 시작한 것이다.

마침내 롯데백화점은 중국 본토에서 처음으로 구두 착화서비스를 시행하는 백화점이 되었다.

"부정적 동기부여 VS 긍정적 동기부여"

현장 서비스 개선을 위해 서비스 관리자는 2가지 관리 방법을 택할 수 있다. 첫 번째 방법은 잘못된 부분을 질책하고 통제하는 '부정적 동기부여'이고, 두 번째 방법은 직원의 우수한 점을 칭찬하여 친절한 마음을 이끌어내는 '긍정적 동기부여'이다. 어떤 방법이 직원의 마음을 움직이고, 현장을 변화시킬까?

부정적 동기부여

혼나는 것을 좋아하는 사람이 어디 있을까? 잘못된 사례를 여러 사람 앞에서 공개하고 주의를 준다면 다른 직원들은 관리자에게 혼나지 않기 위해 주의를 기울일 것이다. 부정적 동기부여는 적은 에너지로 짧은 시간 안에 가시적 효과를 도출할 수 있다. 때문에 조직의 분위기는 다소 험해지겠지만, 무척 효과적인 방법이라고 생각될 수 있다. 하지만 부정적 동기부여로 인한 현장의 부작용은 생각보다 크다.

부정적 동기부여가 만연한 조직에서는 직원들이 현장 개선을 위해 스스로 고민하고 앞장서서 행동하지 않는다. 문제가 발생했을 때, 원인을 파악하고 적극적으로 개선하기보다 책임을 회피하거나 수동적으로 움직이게 된다. 마치 부모님의 꾸중이 무서워 숙제를 하는 어린아이처럼 스스로 움직이는 에너지를 잃게 되는 것이다. 현장에서 서비스하는 직원들이 고객에게 행복한 쇼핑 경험을 제공하려면, 스스로 행복한 에너지를 충전하며 근무해야 한다. 하지만 부정적 동기부여가 오랜 시간 지속된다면 직원들은 친절한 서비스로 고객에게 행복을 주는 즐거움을 잊어버리게 된다.

부정적 동기부여에는 또 다른 함정이 숨어있다. 서비스 관리자가 현장에 나와 통제하는 때와 그렇지 않을 때, 직원들이 행동의 차이를 보이는 것이다. 관리자가 아무리 부지런히 현장근무를 한다고 해도 하루 종일 모든 직원들의 서비스를 관리할 수는 없다. 부정적 동기부여로 움직이는 조직에서는 관리자의 공백이 그대로 서비스의 공백으로 이어진다.

긍정적 동기부여

'긍정적 동기부여'는 '부정적 동기부여'보다 상대적으로 많은 시간과 에너지를 필요로 한다. 직원에 대하여 많은 관심을 가지고 오랜 시간 코칭을 지속해야 한다. 부정적 동기부여보다 단기적으로 드러나는 효과는 작다. 하지만 '긍정적 동기부여'는 서비스인의 가슴에 활력을 불어넣고 현장을 변화시키는 진정한 노력이다.

좋은 사례를 보여준 직원을 모두의 앞에서 칭찬하고, 사례를 공유하는 모습이 필요하다. 또한 개개인의 장점을 발견하고 발전시킬 수 있도록 옆에서 꾸준히 응원하고 관심을 주어야 한다. 좋은 서비스를 격려해서 친절하고 배려 깊은 서비스 문화가 퍼져나가도록 자연스레 환경을 조성하는 것이다.

하루하루가 급박하게 흘러가는 백화점 현장에서 관리자가 긍정적 동기부여로 서비스 코칭을 하기란 생각처럼 쉬운 일이 아니다. 하지만 긍정적 동기부여는 사람에 대한 투자이다. 따뜻하고 밝은 마음으로 가득 찬 직원은 또 다시 따뜻한 마음으로 부하직원에게 긍정적 동기부여를 할 것이다. 훌륭한 서비스는 하루아침에 이루어지는 것이 아니다. 당장 마음이 급하고, 초조할지라도 먼 미래를 바라보고 부하직원을 코칭하는 마음가짐이 필요하다.

"친절하고 따뜻한 마음을 끌어내는 교육"

롯데백화점에서 운영하는 모든 서비스 교육 과정의 첫 번째 시간은 '서비스 마인드' 교육이다. 오랜 시간 회사를 다닌 베테랑 직원이나 정년 퇴임을 얼마 앞둔 간부사원도 예외는 아니다. 서비스 마인드 교육은 다른 어떤 서비스 교육보다 선행된다. 왜 이렇게도 부단히 서비스 마인드를 강조하는 것일까?

서비스 마인드는 서비스인으로서 갖춰야 할 바른 마음가짐으로, 롯데백화점의 서비스 철학과 고객 중심의 성공 사례의 바탕이 된다. 짧은 시간이지만 직원들의 마음에 내재된 친절과 배려를 끄집어 내고 서비스인의 마음가짐과 자세를 상기시키는 것이다. 롯데백화점의 서비스 마인드는 직원들의 내면에 잠자고 있는 서비스 역량을 깨우는 따뜻한 손길이다.

03

서비스인의
마음 관리

선선한 저녁 운동장을 달린다고 생각해보자. 처음 한 바퀴는 가벼운 마음으로 기분 좋게 달릴 수 있다. 귓가에 스치는 바람을 느끼며 함께 트랙을 달리는 사람들의 모습들도 눈에 보인다. 두 번째 바퀴를 돌 때에는 첫 번째 바퀴보다 조금 더 시간이 걸린다. 하지만 숨이 점점 가빠져 두 바퀴를 완전히 돌아올 때쯤 우리는 호흡에 신경을 집중하기 시작한다. 세 바퀴째 트랙을 돌 때에는 폐가 팽팽하게 부풀어 오르는 것을 느낄 수 있다. 이제는 주변의 다른 사람들이 잘 보이지 않고 달리는 것 자체에만 신경이 집중된다. 어느덧 여섯 바퀴를 돌았다. 숨이 가빠 당장이라도 달리기를 그만두고 운동장에 눕고 싶다. 땀에 젖은 트레이닝복은 더욱 무겁게 느껴져 당장이라도 벗어던지고 싶은 지경이다.

"마음에도 체력이 있다"

사람의 체력에 한계가 있듯 우리의 마음에도 한계가 있다. 우리는 고객을 만나는 순간마다 진정성 있는 고객 서비스를 지향하지만, 우리의 마음을 언제까지나 건강하고 밝게 유지하기란 쉽지 않은 일이다. 모든 종류의 일에 있어서 최상의 성과를 낼 수 있는 컨디션을 유지하는 것이 '프로'의 기본 자세이다. 서비스 정신이 아무리 투철하다고 해도 훌륭한 서비스를 제공하기 위해서는 마음의 체력을 관리해야 한다.

○○점의 서비스담당 매니저는 예상치 못한 상황에 부딪혔다. 10년 동안 든든하게 고객상담실을 지켜왔던 상담실장의 응대에 고객이 강한 불만을 제기했기 때문이다. 고객은 매장에서 발생한 불만을 이야기하려 상담실에 들어왔는데, 상담실장이 성의 없게 인사를 하고 자신을 무시했다는 것이다. 그 상담실장은 평소 모범이 되는 우수 사원이었기 때문에 매니저는 더 당황스러울 수밖에 없었다. 일단 직원의 이야기를 들어보았다.

불만을 제기한 고객은 처음에 판매직원의 불친절에 항의하고자 고객 상담실을 찾았었다. 하지만 당시 상담실장은 전화로 다른 불만고객을 상담하던 중이었고, 수화기를 든 채로 고객에게 목례를 건넸던 것이다. 이미 마음속에 불만을 품고 있던 고객은 상담실장이 자신을 무시했다고 생각하고 추가 불만을 제기했고, 그 과정에서 다소 인신공격적인 발언까지 하게 되었다.

오랜 기간 상담실을 지키며 어려운 불만상황도 능숙하게 처리했던 상담실장이었지만 전화로 걸려온 컴플레인을 처리하기도 전에 연이어 인신공격적 발언을 듣자 평정심을 잃었던 것이다. 이런 상황 속에서 상담실장의 오랜 경력과 전문적인 응대 노하우는 발휘될 수 없었다.

보통 사람들은 직장생활이 힘든 이유를 이야기할 때, 일보다 동료와의 '대인관계'가 어렵다고 이야기한다. 하물며 서비스인은 조직생활을 하며, 동시에 업무의 특성상 매일 불특정 다수를 만나야 한다. 어찌 스트레스가 적을 수 있을까?

서비스 업무가 가지는 특성을 인정하고, 작은 일에 상처받거나 지치지 않도록 마음의 체력을 관리해야 한다.

마음의 체력을 키우는 방법은 작은 습관에서부터 시작된다. 하루의 업무를 시작하기 전, 가벼운 스트레칭과 명상으로 준비운동을 해보자. 조직 내에서 서로의 어려움을 나누고 함께할 동료를 만드는 것도 마음의 안정을 얻는데 무척이나 도움이 된다. 어려움을 나눈다는 것은 대단한 방법이 있는 것은 아니다. 서로의 이야기를 들어주고, 공감하며 응원해 주는 것만으로도 충분하다. 쉬는 시간에 하늘을 보며 잠시 걷거나, 음악을 듣는 것도 좋은 방법이다.

마음의 체력이 바닥나 고객 앞에서 감정이 동요될 때에는 잠시 말을 멈추고 시간을 가져보자. 분노의 감정이 일어날 때, 분비되는 노르아드레날린과 코티솔은 분비된 후 2분이 지나면 서서히 수치가 떨어져 15분 후에는 정상치로 돌아온다. 호흡을 가다듬고 의식적으로 감정이 동요하는 타이밍을 지나 보내는 것이 필요한 때도 있다.

"긍정의 에너지 채우기"

고객과의 진정성 있는 관계 속에서 나오는 긍정적 에너지를 느껴본 적이 있는가? 정성을 다해 고객을 응대하고, 고객이 그 서비스에 감동할 때 느껴지는 즐거움과 뿌듯함을 어떻게 표현할 수 있을까?

고객과 이야기하며 예기치 않게 받은 상처와 트라우마가 있다면 그것을 치유하고, 다시 웃을 수 있게 해주는 것 역시 고객이다. 우리의 정성

어린 서비스에 작은 말이라도 감사를 표하는 고객을 만나면 하루 종일 기분이 좋다. 다른 고객을 응대할 때에도 얼굴이 더 밝아지고, 목소리에도 즐거움이 묻어난다.

서비스 현장에서 오래 근무한 베테랑일수록 고객과 좋은 관계를 형성하고 발전시켜 나가는 것이 결국 나 자신을 위한 일이라는 것을 깨닫게 된다. 그러한 과정은 결국 서비스인으로서 스스로 성장하며 또한 정서적으로도 풍요로워질 수 있는 계기가 된다.

미국의 내과의사 앨런 룩스는 대부분의 사람들은 타인에게 선행을 베풀었을 때 정서적으로 만족감을 느끼게 된다며 '헬퍼스 하이Helpers high'라는 개념을 소개했다. 친절을 베풀고 자발적으로 남을 돕는 행동이 결국 개인의 행복으로 이어지고 이는 그 사람의 신체에도 긍정적 변화를 야기한다는 것이다. 남을 돕는 순간 우리의 몸에서는 엔도르핀이 솟고 스트레스가 사라지며, 행복감과 자존감이 높아지게 된다.

혹여 반복되는 고객 불만상황으로 몸과 마음이 지쳐있을 때에는 어떻게 해야 할까? 먼저 부정적인 생각이 우리의 머릿속을 차지하게 두어서는 안 된다. 부정적인 생각이 머리 한 구석에 자리 잡으면 생각이 꼬리에 꼬리를 물고 이어져 자기 스스로를 괴롭게 만들 뿐이다. 반면 긍정적인 생각은 우리의 몸과 마음에 활력을 주어 더욱 좋은 결과를 이끌어낸다.

긍정적인 자기암시를 통해 마음의 흐름을 바꾸어보자. 자기암시란, 자신이 받아들인 어떤 생각이 신체에 간접적으로 작용해 기분과 의지를 변화시키는 것을 이야기한다. '플라시보 효과'를 통해 자기암시의 위력은 이미 우리에게 이미 잘 알려져 있다. 자기암시를 통해 마음의 흐름을 변화시키고, 긍정의 에너지를 내게로 가져오자.

플라시보 효과와 노시보 효과

환자에게 아무 성분이 없는 가짜 약을 진짜 약이라고 속여 먹게 했을 때, 증세가 호전되는 현상을 '플라시보 효과'라고 한다. 그 반대현상도 있다. 바로 '노시보 효과'이다. '플라시보 효과'처럼 병을 낫게 하는 것이 아니라, 거꾸로 쓸데없는 정보가 없는 병을 만들거나 필요 없는 걱정을 하게 만드는 것이다. 함께 식사를 한 사람이 배탈이 났다는 이야기를 들은 후 갑자기 멀쩡하던 배가 아파오거나, 병에 걸린 사람의 이야기를 들을 때 '내 증상도 그런데, 혹시?' 하는 생각에 잠을 이루지 못하는 것이다. 소위 '건강염려증'도 각종 건강정보가 남발되며 생겨난 현대의 '노시보 효과'라고 할 수 있다.

"나에게 조금 더 관대해지기"

아무리 꼼꼼한 사람일지라도 한 치의 오차 없이 완벽하게 일할 수는 없다. 간단한 진실을 외면하고 자신을 완벽하게 포장해야 한다는 강박관념으로 인해 스스로를 괴롭히는 사람들도 있다. 지난 일을 뒤돌아보는 데 많은 시간과 에너지를 쓰며 '이렇게 했었으면 좋았을 텐데…….' 또는 '그 사람은 대체 왜 그런 행동을 했을까?'라는 의미 없는 고민을 하기도 한다.

서비스 업계에서 일하는 사람일수록 작은 실수나 잘못에 더욱 민감하게 반응한다. 유명한 '100-1=0'의 법칙처럼 작은 실수 하나가 공들여 쌓아 올린 고객 신뢰를 무너뜨릴 수 있기 때문이다. 그래서 경험이 풍부하고 모범적인 태도로 근무하는 직원일지라도 타인에게 잘못된 부분을 지적받았을 때 심리적으로 지나치게 무기력해질 수 있다. 안일한 마음으로 고객을 만나는 것은 경계해야겠지만, 작은 실수로 스스로를 괴롭혀서는 안 된다. 만회할 수 있는 실수들에 대하여 조금 더 관대해지자.

"지난번보다 훨씬 좋아졌어. 실수한 부분은 다음번에 주의하자."

"최선을 다했어. 이보다 좋은 결과는 나오기 힘들었지."

"늘 좋을 수는 없으니, 이런 날도 있는 거지."

우리 스스로 세워놓은 엄격한 기준 때문에 마음에 생채기를 내지 말

자. 나에게 조금 더 너그러워질 수 있을 때, 보다 밝은 얼굴로 사람들 앞에 설 수 있을 것이다.

"나에게 서비스하는 시간을 갖기"

마음의 여유를 찾고 스트레스를 관리하는 나만의 방법이 필요하다. 휴일에도 해결되지 않을 일들에 마음을 쓰며 컨디션을 망치는 것은 여러모로 도움이 되지 않는다. 이미 정리된 고객 컴플레인을 술자리에서 몇 번씩이나 반복해 이야기하며, 상기하고 있지 않은가? 마음을 쉽게 해줄 때에는 스트레스를 의식적으로 날려보내야 한다. 나만의 스트레스 관리 프로그램을 만들어 보자.

① 공원에서 명상하기

명상은 집중력이나 기억력을 높여주는 것 외에도 긍정적인 정서를 갖게 해주는 효과가 있다. 명상을 통해 좌측 전두엽이 활성화 되면, 긍정적인 정서가 유발되고 스트레스 호르몬이 줄어든다. 또한 충동적인 감정을 조절하는 자기조절력도 높일 수 있다.

② 좋아하는 사람들과 스포츠 경기 응원하기

큰 목소리로 스포츠 경기를 응원하면 호흡이 깊어지며 기분이 상쾌해진다. 내가 운동을 하는 것도 아닌데, 아드레날린이 나오고 혈액순환이 빨라진다. 경기장에 찾아가 응원하기 어렵다면 스포츠 경기를 대형 스크린에 보여주는 호프집을 친구들과 함께 찾아도 좋을 것이다.

③ 간단한 운동 후에 숙면하기

잠자는 동안 우리 몸에서는 부교감신경이 활성화 되어 피로회복과 면역력 증진을 놉는 물질이 분비된다. 잠에 들기 전 간단한 체조를 하면 이런 효과를 극대화시킬 수 있다. 육체적으로 지쳐 있을 때에는 잠을 잘 자는 것이 가장 좋은 방법일 것이다.

유통업계와 항공사, 호텔 등 고객 서비스 접점에서 일하는 사람들은 다른 사람들이 쉬는 주말에 근무를 하고, 평일에 휴무를 갖는 경우가 많다. 서비스인으로서 숙명과도 같은 일이지만, 긍정적으로 받아들일 수도 있다. 놀이공원에 가도 긴 줄을 기다리지 않고 기구를 실컷 탈 수 있고, 시외로 드라이브를 나가도 차가 막히는 어려움을 겪지 않아도 된다. 쉬는 날을 더욱 달콤하게 보내는 방법은 우리 자신에게 달려있다. TV 프로그램 '나는 남자다'에서 방송인 김제동은 이렇게 이야기했다.

"사자가 가장 강력한 강자인 이유는 물소 머리를 치고 사냥을 할 수 있어서가 아니라, 그 적들이 있는 가운데서도 배를 뒤집고 몇 십 시간을 잘 수 있기 때문이다."

우리 스스로에게 서비스하는 시간을 갖고, 활력을 채우자. 그리고 고객을 만나자.

초코몽 아저씨가 나타났어요

· 본점 남성스포츠팀 최상민 사원 이야기 ·

매장에 있다 보면, 매일 다양한 연령층의 고객님들을 만나게 됩니다. 나이 지긋한 어르신부터, 이제 갓 태어난 아기 손님까지. 그래서 늘 어떻게 눈높이를 맞추고, 어떤 응대를 해드려야 할까 고민하게 됩니다.

그날은 5~6살 정도 되는 작고 귀여운 아이와 어머니가 매장에 방문하셨습니다.

"혜진아! 엄마 봐야지. 핸드폰 그만 보고 신어 보자. 이혜진!! 엄마 말 안 들려? 어휴~ 오늘따라 얘가 왜 이렇게 말을 안 듣는 거야."

작고 귀여운 아이는 핸드폰에서 눈을 뗄 줄 모르고 있었습니다.

"혜진아, 안녕? 재미있는 거 보네? 뭐 보는 거야? 그러지 말고 우리 이제 예쁜 신발 같이 신어 볼까요?"

저는 신발로 장난도 쳐보고, 재미있는 표정도 지으며 혜진이의 마음을 움직이려고 해보았습니다.

"소용없어요. 온종일 핸드폰에서 눈을 못 떼요. 얘 때문에 얼마나 애

를 먹는지 몰라요. 그냥 이걸로 할게요. ○○사이즈로 주세요."

"네, 고객님. 재고 확인해 보겠습니다."

하지만 확인해보니 재고가 없어 주문을 해야 했습니다.

"고객님, 정말 죄송하지만 지금 매장에 재고가 없어서 주문하시면 3일 정도 걸리는데 주문해 드려도 될까요?"

"네, 그럼 주문해 주세요! 그때 와서 신겨 볼게요."

고객님은 주문을 하시고, 아이와 함께 매장을 떠나셨습니다.

며칠 후 주문한 상품이 도착하여 고객님께 연락을 드렸지만, 조금 걱정이 되었습니다.

어머니께서 고른 신발이 아이 마음에 들지 않으면 어쩌나 걱정이 되었습니다.

'혜진이가 신어 보고 마음에 들어 할까? 또 핸드폰만 보고 있으면 어쩌지? 뭔가 시선을 확 끌어당길 수 있는 방법이 없을까?'

저는 이왕이면 신발을 신을 혜진이의 마음에 쏙 드는 신발을 찾아주고 싶었습니다.

어떻게 하면 혜진이가 핸드폰보다 저에게 더 관심을 보일 수 있을까 고민을 하던 중, 그날 혜진이가 보던 핸드폰 만화가 생각났습니다.

'그 캐릭터 분명 어디서 많이 봤던 건데, 어디서 봤더라?'

한참 기억을 더듬다가 조카 너석이 보던 만화가 생각이 났습니다. 누나에게 바로 전화를 걸었습니다.

"누나, 재석이가 항상 보던 만화가 뭐지? 원숭이 나오는 만화 있잖아."

"어떤 거? 초코몽?"

"그래, 맞아! 초코몽이었어! 누나 고마워!"

초코몽이라면 혜진이가 좋아할 것 같았습니다. 스마트폰을 놓지 않고 있던 혜진이에게 초코몽이라면 친근하게 다가갈 수 있을 거라 생각했습니다.

다음 날, 멀리서 혜진이가 매장으로 오는 모습이 보였습니다.

저는 준비해두었던 비장의 무기를 꺼내서 혜진이 앞에 '짠' 하고 나타났습니다.

"초코몽 아저씨가 예쁜 신발을 준비했어요!"

"우와~ 초코몽이다! 엄마, 초코몽이야. 초코몽이 여기 있어!"

저는 혜진이가 오기 전 간단하게 이면지에 밑그림을 그리고, 열심히 색칠도 하여 초코몽 가면을 만들어 썼습니다.

혜진이의 반응은 생각보다 더 뜨거웠습니다.

"엄마를 힘들게 하면 나쁜 어린이에요! 초코몽 아저씨랑 같이 신발 신어볼까요?"

"네! 신어 볼래요."

신발은 다행히도 딱 맞았고, 아주 잘 어울렸습니다. 혜진이는 저와 신발을 번갈아 가며 쳐다보면서 연신 미소를 지었습니다.

"엄마, 이 신발 사주세요. 이거 살 거에요."

아이가 너무나 신나는 모습을 보며 고객님도 흐뭇해 하셨습니다.

"백화점을 오래 다녔지만, 이런 적은 처음이에요. 정말!"

처음에는 아이의 마음을 사로잡기 위해 생각했던 작은 아이디어였을 뿐이었는데, 그것이 이렇게 큰 즐거움이 될 수 있다는 사실에 깜짝 놀랐습니다.

'서툴게 만든 종이가면 하나로도 이렇게 사람을 기쁘게 할 수 있구나!'

미래의 소중한 고객님이 될 아이와 고객님이 기뻐하셨던 만큼 뿌듯한 하루였습니다.

초코몽 사건이 있고, 며칠 후 혜진이가 저 멀리서 "아저씨~"를 외치며 저에게 달려왔습니다.

"아저씨, 아저씨! 초코몽으로 변신해 주세요!"

"그럴까? 변신 준비!"

저는 조금 당황했지만, 다시 한번 데스크에서 초코몽 가면을 꺼내어 변신을 하였습니다.

"짠! 변신!"

"우와! 초코몽 아저씨, 이거 먹어요."

혜진이는 저에게 작은 요구르트 한 병을 내밀었습니다. 어머니께서는 혜진이가 집에서부터 이 요구르트를 초코몽 아저씨에게 주고 싶다고 하도 졸라서 백화점을 나오게 되었다고 이야기하셨습니다.

"고마워, 혜진아. 맛있게 잘 먹을게!"

저는 고사리 같은 손에 꼭 쥐어진 요구르트를 받았습니다. 미지근해진 요구르트가 그렇게 사랑스러울 수가 없었습니다.

그 일은 저에게 고객님을 위한 작은 배려가 부메랑처럼 더 큰 행복과 기쁨으로 돌아온다는 것을 깨닫게 해준 뜻 깊은 경험이었습니다.

그 후 저는 혜진이 뿐만 아니라, 아이와 동행한 고객님이 오시면 초코몽으로 변신하곤 합니다.

"초코몽이다!"

"우와~ 아저씨 아저씨, 초코몽 아저씨!"

지금은 손을 많이 타서 쪼글쪼글 못생긴 초코몽이 되었지만 그래도 인기는 여전합니다.

"초코몽 아저씨와 함께 신발을 신어 볼까요?"

"네!"

고객님이 도움을 요청했을 때 서비스하는 것도 중요합니다. 하지만 고객의 눈높이에서 무엇을 원하고, 무엇을 필요로 하는지 세심히 살피는 것! 그것이 진정한 서비스 아닐까요?

고객님이 있어서 제가 더 행복합니다

· 센텀시티점 미화담당 이정임 사원 이야기 ·

그날따라 하늘은 잿빛, 잔뜩 찌푸린 날씨였습니다. 마치 제 기분 같았습니다.

저는 10년 넘게 미화 업무를 하고 있습니다. 일하다 보면 주위의 껄끄러운 시선을 느끼는 게 한두 번이 아닙니다.

'어쩌다가 저 연세까지 이런 일을 하시지?'

'자식들이 변변찮은 모양이구면.'

입을 열어 말하지는 않지만 곱지 않은 주변의 시선에 끊임없이 상처를 받곤 했습니다. 하지만 누구보다 저를 아프게 하는 사람들은 다름 아닌 제 가족이었습니다.

"엄마, 그 일 좀 그만두면 안 돼? 이제 좀 쉬면서 손주들 재롱이나 보고 그래요. 응? 편하게 살아."

며칠 전에도 딸아이가 제게 말했습니다. 물론 어미 고생하는 게 마음 아파서 하는 말이라는 건 알고 있습니다. 가족들이 모두 모이는 명절이면 빠지지 않고 나오는 말이지요. 10년 넘게 들어 왔는데, 이번에는 유난히도 가슴이 아려왔습니다. 며칠 동안 우울한 기분이 가시지 않았지요.

그래도 우울한 마음을 추스르며, 평소처럼 매장을 순서대로 청소했습니다. 매장 청소도 집안 청소와 마찬가지입니다. 열심히 쓸고 닦은 건 그리 표가 나지 않지만, 그렇다고 게으름을 피우면 당장 지저분한 게 드러납니다. 구석구석 청소해야 합니다. 그렇게 일에 열중하다 보니 우울했던 마음도 조금은 청소가 되는 듯했습니다.

다음은 화장실을 청소할 차례. 그런데 저 앞에서 아기 우는 소리가 났습니다. 유모차에 탄 아기가 캑캑거리며 우유를 토하고 있는겁니다. 아기 엄마는 당황해서 어쩔 줄을 모르고 있었습니다. 저는 얼른 그 옆으로 달려가서 화장실로 안내해 드렸습니다. 유모차가 지나간 자리에는 아이가 게워낸 토사물 흔적이 군데군데 남아 있었습니다.

"아기가 왜 그래요? 고객님."

"모르겠어요. 어떻게 해야 되나요?"

고객님은 아마 이런 경우를 당해 보지 못한 초보 엄마인 모양입니다. 어디론가 전화를 걸려고 했다가, 아기를 안으려고 했다가, 갈팡질팡하고만 있었습니다. 급기야는 눈물만 뚝뚝 흘리는 겁니다.

저는 아기를 살펴보았습니다. 이제 갓 돌이 지났을까 싶은 어린 아기였습니다. 게워낸 우유로 앞섶이 흠뻑 젖은 채 자지러지게 울고 있었습니다.

자식과 손주들을 돌보며 이런 일을 많이 겪어 본 저는 당황하지 않고 침착하게 대처했습니다. 우선 아기를 안아 올려 토닥토닥 달래 주었습니다. 다행히 아기 울음은 조금 잦아들었지만, 토사물로 옷도 젖고 냄새도 나서 갈아 입혀야 했습니다. 저는 재빨리 기저귀 교환대를 펼치고 아기를 눕혔습니다.

"고객님, 아기 여벌 옷 가지고 계세요? 옷을 갈아 입혀야겠어요."

그세야 엄마 고객도 소금 진성이 되어 함께 아기 옷을 벗겼습니다. 엄마 고객님의 옷에도 여기저기 토사물이 묻어 있어서 물수건을 건네 드렸지요. 엄마 고객님이 세면대에서 아기 옷을 빠는 동안 저는 아기에게 새 옷을 입혔습니다. 보송보송한 마른 옷으로 갈아 입히고 다시 얼러 주자 아기는 언제 울고 보챘냐는 듯이 제 품에서 얌전히 잠이 들었습니다. 손녀딸처럼 예쁘고 귀여운 천사 같은 아기였습니다. 새근새근 잠든 아기에게서 따뜻한 체온이 전해지며, 말로 표현할 수 없는 행복도 함께 밀려 왔습니다.

"아기가 정말 예쁘네요."

저는 이렇게 말하며 아기를 엄마에게 안겨 주었습니다.

"아주머니, 고맙습니다. 제가 너무 당황해서……."

다. 이 일이 제게는 소중한 직업이고, 제가 보람을 느끼는 일이었습니다. 즐겁게 일할 수 있다는 게 얼마나 다행인지요. 부지런히 몸을 움직일 수 있고, 저를 필요로 하는 곳이 있는 한 최선을 다하는 게 얼마나 행복한지요.

그 고객님을 만나 도움을 준 일이 오히려 저에게 감동과 보람을 찾아준 것입니다.

며칠 후, 그 고객님이 음료수를 사 들고 미화 사무실을 찾아오셨습니다.

"저 기억하세요, 여사님?"

아기가 엄마 품에 안겨 초롱초롱하게 눈을 뜨고 있었습니다.

"아, 고객님! 당연히 기억하죠. 아기가 이제 괜찮나 봐요? 아이고, 웃는 것 좀 봐."

고객님은 그날 무척 고마웠다며 몇 번이고 인사했습니다. 제가 몸 둘 바를 모를 정도로요.

"당연한 일을 한 건데요. 그런 일을 보면 누구나 저처럼 했을 거예요. 아기가 오늘은 기분이 좋네요. 한 번만 안아봐도 될까요?"

"그럼요, 얼마든지요."

꼭 제 손녀딸 같은 아기를 안으니 가슴속에 감사하는 마음이 솟구쳤습니다. 주변의 따가운 시선과 가족들의 만류 때문에 이제 일을 그만둬야 하지 않을까 하고 우울해하던 차에, 이 고객님과 아기는 제게 한 줄기 빛과 같은 깨달음을 주었습니다.

'나를 필요로 하는 고객님을 위해 할 수 있는 최선을 다하자!'

최고의 보람과 행복을 선물해 준 고객님, 제가 더 고맙습니다.

손짓으로 전해진 마음

· 아울렛 청주점 지원담당 김은영 서비스리더 이야기 ·

추석을 앞두고 바쁜 나날을 보내고 있었습니다. 명절 선물 행사장에
서 일하고 있는데, 누군가 책상을 두드렸습니다. 똑똑똑!

고개를 들어보니 한 고객님께서 서 계셨습니다. 얼른 사리에서 일어
나 인사를 드렸지요.

"안녕하십니까? 고객님, 무엇을 도와 드릴까요?"

수줍은 미소를 짓고 있던 고개님께서는 핸드폰을 몇 번 만지작거리
시더니 자리에 앉으셨습니다.

"고객님, 필요하신 상품이 있으세요? 제가 안내해 드리겠습니다."

"……."

고객님께서는 아무런 대답이 없으셨습니다.

'혹시 못 들으셨나?'

속으로 갸우뚱하고 있을 때, 고객님께서는 핸드폰을 저에게 천천히
내미셨습니다.

〈저는 말하고 듣는 것을 못합니다.〉

아! 고객님의 행동이 이해가 되었습니다. 내심 조금 놀란 마음을 알게 되면 고객님께서 난감해 하실 것 같아 미소를 지으며 펜과 메모지를 준비해드렸지요.

〈고객님, 무엇을 도와 드릴까요?〉

〈외지에 있는 아들에게 선물을 보내려고 해요.〉

이렇게 글을 통해 상담이 시작되었습니다.

처음에는 더디게 느껴졌던 글쓰기도 속도가 붙어 제법 빨라졌고, 간단한 내용은 손짓과 표정으로 대화를 이어갔습니다. 어렵게 대화를 하며, 고객님이 '그동안 얼마나 불편하게 생활하셨을까?' 하는 마음이 들었습니다.

'만일 내가 간단히 수화를 할 수 있었다면, 더 정확하게 소통하고 안내할 수 있었을 텐데……'

상담이 끝나갈 때쯤, 고객님께 영상전화가 왔습니다. 아드님이었습니다. 고객님은 아드님과 수화로 대화를 나누시더니, 미안한 표정을 지으며 메모지에 글을 이어가셨습니다.

〈오랜 시간 상담해 주셨는데 미안해요. 집에 가서 아들이랑 더 상의를 해봐야 할 것 같아요. 아들이랑 상의해보고 며칠 후에 꼭 다시 방문하겠습니다.〉

며칠 전 상담을 해드렸던 그 고객님이셨습니다. 저는 왠지 모를 반가움에 바로 답장을 드렸습니다.

〈그럼요, 고객님. 당연히 기억나죠. 오시면 연락 주세요. 제가 매장으로 나가 있겠습니다.〉

멀리서 걸어오시는 고객님을 한 번에 알아볼 수 있었습니다. 저는 반가운 마음에 고객님을 보자마자 그동안 연습한 수화로 "고객님, 안녕하세요?" 하고 먼저 인사했습니다. 고객님께서는 깜짝 놀라시며 환한 웃음을 지으셨습니다.

저는 아드님과 함께 상의하신 내용을 미리 노트에 적어 오셔서 수월하게 상품 선정과 결재를 도와드릴 수 있었습니다. 배송까지 확인을 마친 후 다시 수화로 이야기했습니다.

"고객님, 더 궁금하신 사항은 없으십니까?"

고객님께서는 주머니에서 핸드폰을 꺼내 메시지창에 〈언제 그렇게 수화를 연습하셨어요? 정말 깜짝 놀랐어요〉라고 적어 보여주셨습니다.

간단하지만 수화를 통해 서로의 눈을 맞추며 대화하니, 펜과 종이를 사용할 때는 느낄 수 없었던 따뜻한 마음까지 전달되는 것 같았습니다. 고객님께서는 수화로 연거푸 고맙다고 말씀하시며, 따뜻한 커피를 건네 주셨습니다. 고객님의 수화를 모두 이해할 수는 없었지만, 고객님의 마음을 읽을 수 있었던 참 신기하고 즐거운 시간이었지요.

때때로 힘든 일이 있으면 캐러멜 마끼아또를 마시며, 그때를 다시 한 번 회상하곤 합니다. 고객님이 주신 커피 향을 떠올리면 마음속 깊은 곳부터 달콤하고 향기로운 행복이 퍼지는 것 같습니다.

절망의 끝에서 만난 보라색 인연

· 최연봉 고객 이야기 ·

가을이 익어가는 10월, 오랫동안 다닌 사찰에서 주관하는 산사 순례에 참가하였습니다. 오랜만에 버스를 타고 나오니 기분이 좋았습니다. 고색이 창연한 도량을 둘러보고, 유명한 용문사 은행나무 아래 섰습니다. 거대한 둥치가 하늘로 치솟듯 서있었습니다. 천년을 흔들리며 살아왔을 텐데 나무는 둥치와 가지가 조화롭게 어우러져 멋진 형상을 만들어내고 있었습니다.

'이 나무의 전생은 무엇이었을까? 나와 이 나무는 전생의 어떤 인연이었기에 오늘 서로를 바라보며 서 있을까?'

나무의 연륜을 더듬으며 등걸과 수피를 카메라에 담고 있는데 '띵똥~' 문자 메시지가 왔습니다.

〈바겐세일축하 이월상품 초특가대형전 롯데백화점 서면본점 아르테〉

문구를 확인하고는 슬며시 장난기가 발동해 답장을 보냈습니다.

〈바빠서 서면까지 못 감. 광복점에서 쇼핑할 것임.〉

잠시 뒤 답장이 왔습니다.

〈영도 고객님은 안 오셔도 되는데요.〉

그 순간 저도 모르게 큰소리로 웃고 말았습니다. 아마 같은 시간에 덕순 씨도 틀림없이 웃음을 터뜨렸을 것입니다.

롯데백화점 서면본점 아르테 매장 김덕순 매니저, 그녀와의 인연은 오래되었습니다. 벌써 12년짼가, 13년짼가? 1995년 롯데백화점이 부산에 개점했을 무렵, 저는 40대 초반의 주부로 아쉬울 것 없는 풍족한 생활을 누리며 살고 있었습니다. 남편의 사업은 승승장구했고 아이들도 착해서 남들의 시샘을 받을 정도였습니다.

서면에 들어선 롯데백화점은 부산 최대 규모였습니다. 우리 가족은 백화점을 자주 방문하여 마음껏 쇼핑했습니다. 호사다마라고 했던가요? 승승장구하던 남편의 회사가 부도가 나고 말았습니다.

작은 부도는 신용등급을 깎아 은행의 대출상환 요구가 시작되었습니다. 도미노가 넘어지듯 모든 일이 순식간에 벌어졌습니다. 통장에 잔고가 바닥나고, 살던 집도 경매에 부쳐졌습니다. 결혼 후 20년이 넘도록 차곡차곡 쌓아온 모든 것이 한 줌의 모래처럼 흩어지는 데는 단 6개월도 걸리지 않았습니다. 최후의 선택으로 시골로 내려가는 일을 생각해봤지만, 고입과 중입을 앞두고 있는 아이들의 교육문제로 진퇴양난이었습니다.

평온하고 풍요로운 미래는 일순간 날아갔고 빈손이 되었습니다. 그 해 여름, 하루에도 대여섯 번씩 욕실에 들어가 찬물을 뒤집어쓰며 울었습니다. 극심한 스트레스와 상실감에 제 몸과 마음은 병을 앓기 시작했지요.

아파트 모델하우스마다 찾아다니며 사은품을 받아 모았습니다. 제가 살고 있던 영도는 물론이고, 먼 다대포와 거제리, 동래까지요. 모델하우스가 있는 곳이면 부산 시내 어디든 다녔습니다. 사은품으로 긴 우산을 주는 모델하우스에서는 몇 번이고 받아 우산을 한아름 끌어안고 버스를 타고 온 적도 있습니다. 집안을 가득 채우지 않으면 허리가 꺾일 것만 같은 허기가 나를 옥죄고 있었습니다.

모든 것이 마음대로 되지 않는 현실이었지만, 저에게 가장 괴롭고 큰 상실감을 주는 곳이 롯데백화점이었습니다. 그곳에 진열된 아름답고 멋진 상품들이 나를 손짓했습니다. 백화점의 좋은 점은 사지 않더라도 모든 상품을 착용해 볼 수 있다는 점입니다. 어떤 날은 너무 일찍 찾아가 아직 문도 열지 않은 백화점 앞에서 서성거리곤 했습니다. 매장을 떠돌다 마음에 드는 상품을 보면 그곳에서 한참을 서서 하염없이 바라보곤 했습니다.

점심도 굶은 채 매장을 돌던 어느 날, 발길이 한 매장 앞에서 멈추었습니다. 매장 가득 걸린 보라색 옷들이 시선을 사로잡았습니다. 하늘거리는 천에 레이스 수가 놓인 보라색 원피스는 치마 길이가 세 겹으로 되어 있어 선녀의 날개옷처럼 우아했습니다. 색도 디자인도 꼭 제 취향의 옷이었지요. 지갑 속의 롯데카드와 6개월 무이자할부는 끈질기게 저를 유혹했습니다.

"고객님, 한번 입어 보세요."

선량한 눈매의 키 큰 여직원이 나를 보고 있었습니다.

"이거 비싸죠?"

분명 제 능력을 뛰어넘을 원피스의 가격을 가늠하며 자신 없는 목소리로 물었습니다.

"안 사셔도 괜찮아요. 한번 입어 보세요."

직원은 다시 권했고, 못 이기는 척 매장 안으로 들어가 원피스를 입어봤습니다. 민소매 원피스 위에 레이스 볼레로까지 갖춰 입고 거울을 보며 아주 잠깐 행복했습니다.

하지만 곧 현실로 돌아왔습니다. 탈의실에서 본 가격표가 마음을 끊임없이 짓누르고 있었습니다. 아이들의 학비와 생활비 액수가 머릿속을 맴돌았습니다. 탈의실에서 다시 옷을 갈아입고도 매장을 떠날 수 없었습니다. 배고픔과 극심한 피로, 마음에 드는 옷을 살 수 없다는 절망감에 일어설 기운조차 없었습니다.

"고객님, 혹시 점심은 드셨어요?"

직원은 허리를 굽히고 걱정스러운 눈빛으로 물었습니다.

"아니요, 아직."

"저도 아직인데, 지금 점심 먹으러 갈 건데 괜찮으시다면 같이 가세요."

직원의 얼굴을 바라봤습니다. 예전의 버릇대로 누구와 밥을 먹든 밥값은 내가 내야 한다는 의식이 남아 있어 잠시 곤혹스러웠습니다.

"저한테 한정식 식사권이 두 장 있는데 오늘까지 써야 돼요. 같이 갈 사람이 없어서 그러는데, 시간이 되시면 저랑 함께 식사 좀 해주세요."

직원은 애교스럽게 웃었습니다. 저는 그날 키 큰 그 여직원과 뜻하지 않은 성찬을 누리며 가족에게 미안했습니다.

2년 후, 남편의 노력으로 형편은 조금씩 나아졌고, 새로 시작한 사업도 자리를 잡아갔습니다. 나를 첫눈에 사로잡았던 보라색 매장이 아르테였고, 주린 배를 안고 눈요기만 하며 백화점 매장을 떠돌던 내게 뜻밖의 한정식을 사준 키 큰 여직원이 현재 아르테 매장의 김덕순 매니저입니다.

그로부터 10년을 훌쩍 넘긴 지금까지 거의 대부분의 옷을 아르테 상품으로 구입하는 아르테 마니아가 되었습니다. 김덕순 매니저와는 사적으로도 안부를 묻고 허물없는 얘기를 나누는 좋은 인연으로 발전했습니다. 서면에 나가는 일이 생기면 옷을 사지 않더라도 아르테 매장을 꼭 들르는 내게 김덕순 매니저는 언젠가 이런 이야기를 해주었습니다.

"언니가 처음 우리 매장에 왔을 때, 지치고 배고파 보였어요. 근데 보라색 원피스를 바라보는 언니 눈이 반짝반짝 빛을 내는 거예요. 얼마나 그 옷을 갖고 싶어 하는지 단번에 알겠더라고요. 너무 안돼 보여서 그냥 보낼 수가 없었어요. 실은 그때 한정식 식사권 없었어요. 하하."

2010년, 제가 살고 있는 영도와 가까운 광복동에 롯데백화점이 문을 열고 아르테 매장이 입점했습니다. 저는 심심하면 덕순 씨에게 문자 메시지를 날립니다.

〈나 오늘 광복점 아르테로 쇼핑 간다아~〉

그러면 또 답장이 옵니다.

〈맘대로 하세요!〉

영선동에서 광복점까지는 산책 삼아 걸어서도 갈 수 있는 거리고 아르테 매장도 있지만, 저는 늘 서면 롯데백화점으로 갑니다. 그곳엔 내가 절망에 빠졌을 때 선의의 손을 내밀어준 참 좋은 인연이 있기 때문입니다.

전생의 인연으로 용문사를 찾아가 천년을 살아온 은행나무를 만났듯이, 롯데백화점 서면점이 맺어준 덕순 씨와 나의 인연도 그러한 것 같습니다.

부록 1

고객경험관리

부록
고객경험관리

'우리의 고객은 과연 누구인가? 고객들은 무엇을 불편해하고 있는가?'

이러한 본질적인 물음에 대한 명쾌한 해답을 내릴 수 있는 기업은 많지 않다. 그래서 고객과 만나는 모든 접점에서 측정하고 분석한 데이터를 제품과 서비스에 반영하여, 고객이 보다 나은 경험을 할 수 있도록 방법과 전략을 수립하여 관리하고, 고객의 인식 형성과 충성도를 높이고 강화하는 프로세스 즉, 고객경험관리에 대해 관심을 갖는 기업이 늘고 있다.

01. 고객경험관리CEM란?

고객경험관리는 제품이나 서비스에 대한 고객의 경험을 체계적으로 관리하는 프로세스를 의미한다. 즉 기업이 고객의 제품 탐색에서 구매, 사용단계에 이르기까지 모든 과정에 대한 분석 및 개선을 통해 긍정적인 고객 경험을 창출하는 것이다. 고객경험관리는 결국 접점Touch Point관리 다. 고객은 TV, 인터넷, 매장, 친구 등 수많은 접점을 통해 기업의 제품이 나 서비스를 경험하게 된다. 이처럼 다양한 접점에서 느끼는 경험은 해당 기업이나 브랜드에 대한 로열티를 만들기도 하고 파괴하기도 한다. 따라 서 고객경험관리의 핵심은 고객이 중요하게 생각하는 접점에서 기업과 고객이 긴밀한 유대관계를 맺는 방법을 마련하는 것이다.

■ 왜 고객경험관리인가?

최근 고객경험관리가 각광을 받는 이유는 다음과 같다.

첫째, 고객들의 경험 소비에 대한 욕구가 더욱 커지고 있다. 고객은 더 이상 제품의 특징이나 편익만으로 돈을 지불하려고 하지 않는다.

둘째, 경험의 질이 기업의 성과를 좌우하고 있다. 이제는 단순히 경 험을 판매한다는 것만으로 차별화하기는 어려워지고 있다. 경쟁사보 다 품질이 우수하고 차별화된 경험을 제공해야만 고객의 로열티를 높일 수 있다. 따라서 경험의 질을 높이기 위한 기업의 활동이 요구되고 있는 것이다.

■ 고객경험관리의 정의

• 제품이나 서비스에 대한 고객의 경험을 체계적인 프로세스로 관리하는 것

• 구매하기 이전의 소비자 경험부터 수집하는 것

• 고객의 생각과 느낌을 파악하는 데 초점을 맞춰 매장 방문, 구입, 구입 후 이용 능 거래 단계별로 고객이 무엇을 보고 느끼는지를 알아내고 이를 토대로 고객의 경험 DB를 구축하는 것이 핵심

02. 고객경험관리 우수사례

글로벌 선도기업들은 이미 고객경험의 중요성을 깨닫고 총체적인 고객 경험관리를 통해 차별화된 서비스를 제공하고 있다. 이를 통해 고객의 충성도를 높이고 궁극적으로는 가치를 높이고 있는 것이다. 글로벌 기업들의 고객경험관리에 대해서 알아보자.

■ 가치 있는 고객경험의 발굴

변화하는 고객가치에 대하여 적극적인 수집과 관찰 체계를 구축하고, 이를 바탕으로 고객지향적 원칙을 수립해 고객경험관리를 하는 기업의 사례가 있다.

레고의 고객경험 확장

글로벌 기업 레고LEGO의 사명은 덴마크어로 '잘 놀다leg godt'라는 말에서 유래하였다. 그만큼 레고사社는 놀이에 대한 소비자의 성향을 세심하게 파악하여 경험관리 전략을 구축했다.

먼저 그들은 아이들이 장난감을 가지고 노는 모습을 볼 때, 오히려 부모들이 더욱 즐거워한다는 점에 주목하였다. 이에 레고는 '아이들이 두뇌를 쓰면서 노는 학습용 놀이문화'를 슬로건으로 삼았고, 부모들의 폭발적인 지지와 시장반응을 얻게 되었다.

뿐만 아니라 레고는 고객의 성장에 맞춰 제품 모델들의 성장을 꾀했다. 레고는 수십 년 동안 아이들을 타깃으로 그들이 좋아할 만한 형형색색의 플라스틱 블록을 개발해 왔다. 하지만 아이들은 혼자 또는 또래 친구들과 함께 레고를 하다가 점차 성장하면서 더 이상 레고에 관심을 갖지 않게 된다는 점을 발견했다. 이에 그들은 아이가 성장하면서 계속 사용할 수 있도록 블록에 난이도를 두었다. 또한 어린 아이들이 가지고 놀 수 있는 제품뿐만 아니라, 어른이 되어서도 놀 수 있는 레고 상품을 계속 개발했다.

레고의 이러한 시도에 레고로 유년기를 보낸 성인들이 동심에 이끌려 레고 놀이에 동참하게 되었고, 레고는 진지하고 어려운 성인용 취미 생활로 발전되었다. 이를 통해 활성화된 동호회 문화는 매년 레고 시장의 규모를 증가시켰고, 어느새 우리나라에서 활동 중인 레고 동호회 회원도 약 20만 명(14년 커뮤니티 가입자 수)에 이를 정도로 레고는 놀이 문화의 중심으로 다시 성장했다.

레고의 고객경험관리는 여기서 그치지 않는다. 레고는 소비자의 의견을 반영해 블록들의 규격을 통일하였고, 이를 통해 이미 구입한 상품을 새 상품과 함께 사용할 수 있게 만들었다. 이러한 제품의 호환성은 마케팅 전략과 밀접한 관련이 있다. 레고의 블록제품은 어느 하나 버릴 것이 없다는 인식을 주어, 가치를 높인 것이다. 이러한 소비자 의견 반영과 경험관리는 제품의 리콜 비율을 제로에 가깝게 만들었다.

롯데리아 매장의 고객편의 지향

기존의 패스트푸드 업소들이 매장의 회전율을 높여야만 매출을 더 올릴 수 있다는 고정관념에 사로잡혀 있을 때 롯데의 한 임원이 서울의 모 대학 근처에 있는 롯데리아 매장을 방문했다. 마침 한 여학생이 4인용 테이블에 혼자 앉아서 노트북으로 과제를 하고 있는 것이 눈에 들어왔다. 그 모습을 본 임원은 불현듯 의문에 휩싸였다.

'저렇게 불편한 의자에 앉아 과제를 하려니 얼마나 힘들까? 고객이 과연 우리 매장에서 편안함을 느낄 수 있을까?

매장의 회전율이 중요하다는 이유로 고객의 불편함을 일부러 방조하고 있는 듯한 매장의 인테리어에서 심각한 문제를 발견한 것이다. '우리의 고객은 과연 누구인가? 고객들은 무엇을 불편해하고 있는가?'라는 고객경험관리 관점에서 이 임원은 문제의 심각성을 깨닫게 됐고, 이를 계기로 기존의 매장을 전혀 다른 시각에서 생각해보기로 했다.

'롯데리아의 매장을 단지 패스트푸드를 파는 곳이 아니라 고객들이 방문해서 편안하게 머물다 갈 수 있는 서비스 개념의 매장으로 만든다면 어떨까?'

고객관리관점에서 그 임원의 발상은 고객이 패스트푸드를 먹으면서 다른 일도 편안하게 할 수 있는, 즉 고객이 보다 나은 경험을 할 수 있는 조치로 이어졌다. 롯데리아 매장은 즉시 의자를 교체하고 메뉴판도 지역의 특성에 맞춰 수정했다. 대학가에 위치한 매장은 학교 주변이라는 특성에 맞춰 인테리어를 바꾸었고, 서소문점과 같은 오피스 밀집 지역은 커피류 중심의 메뉴로 바꾸었다.

만약 롯데리아가 가시적인 매출에만 주목하여 고객경험관리를 하지 못했더라면 어땠을까. 어쩌면 매장의 회전율을 더 높이기 위해 인테리어의 고급화는커녕 의자의 숫자도 줄이겠다고 나섰을 수도 있다. 그 결과 패스트푸드를 최대한 패스트fast하게 먹고 나가야 한다는 스트레스를 참지 못한 고객들로부터 외면당했을지도 모른다.

■ 특별한 경험요소 발굴과 차별화

기본적 서비스 이외에 자사만의 차별적이면서도 고객들이 예상하지 못했던 특별한 경험을 발굴하고 이를 제공함으로써 고객들에게 색다른 경험과 차별성을 부각시키는 기업이 있다. 예상하지 못했던 특별한 경험요소는 USEUnique Selling Experience라고 한다.

크리스피크림의 도넛극장

크리스피크림은 '도넛 그 이상의 경험'을 고객에게 제공하기 위해 독특한 경험을 디자인했다. 이들은 먼저 고객이 도넛을 사러 매장에 들어선 순간부터 도넛을 사서 나올 때까지 프로세스를 대상으로 고객경험분석을 했다.

이를 통해 도넛의 맛뿐만 아니라 즐거운 구경거리를 원하는 고객의 니즈가 매우 크고, 제조과정의 위생 상태에 대한 의구심도 가지고 있다는 사실을 알아냈다. 이로써 '따뜻한 도넛, 도넛 체험 그리고 즐거운 기다림'

이라는 독특한 고객경험을 디자인했다.

매장과 조리실의 투명한 유리창을 통하여 고객들이 오리지널 그레이즈드의 제조과정을 직접 볼 수 있도록 하고, 달콤한 냄새를 맡고 맛을 보고 도넛을 구매하는 총체적 경험을 할 수 있게 하였다. 또 갓 나온 뜨거운 도너츠 판매를 고객경험관리 방안으로 삼았다. 'HOT NOW'라는 불빛이 켜지면 고객들은 지금 도넛이 제작되고 있음을 알 수 있게 되었다. 매장에서 줄을 서서 기다리는 동안에는 도넛이 기름에 튀겨진 후 그 위로 떨어지는 시럽 폭포를 구경할 수도 있다.

| 크리스피크림의 도넛극장 1 | 크리스피크림의 도넛극장 2 |

헬만 마요네즈 회사

우리가 하루에도 몇 번씩 받아 보는 일반적인 영수증에는 구입품목과 가격, 교환환불규정 등이 적혀 있다. 하지만 헬만 마요네즈 회사에서는 레시피를 알려주는 영수증을 고안해 고객들에게 큰 호응을 얻었다.

고객이 마트에서 마요네즈와 함께 식자재를 구입하면 영수증에 구매한 식자재와 마요네즈로 만들수 있는 레시피가 구체적으로 적힌다. 이 레시피가 담긴 영수증에는 재료, 분량, 조리법까지 자세하게 나와 있다. 만약 치킨, 까르보나라소스, 파슬리, 헬만 마요네즈를 구매한 고객에게는 까르보나라 치킨소스 레시피를 알려준다. 과거 헬만 마요네즈는 샌드위치나 샐러드용으로만 제한적으로 팔렸지만, 고객에게 레시피 영수증이라는 특별한 경험을 선사한 뒤 3개월이 지나자 놀라운 변화가 나타났다. 3개월간 약 1000장의 영수증이 발행되었고, 44% 매출 신장이라는 기록을 세우게 된다.

이케아의 맨랜드

호주 시드니에 위치한 이케아에는 아기를 돌봐주는 탁아방처럼, 동행한 남성을 맡겨둘 수 있는 '맨랜드'가 있다. 여성들과 달리 남성은 쇼핑을 적극적으로 즐기지 않고, 피곤한 일로 인식하는 경향이 있다. 이케아에서도 조립식 가구를 들어주기 위해 어쩔 수 없이 여성과 매장에 동행하는 남성들이 있는데, 맨랜드는 이런 남성 고객의 지루함을 덜어주고, 그들의 불만을 감내해야 했던 여성 고객의 부담을 없애 주기 위해 이케아가 생각해 낸 공간이다.

이곳에는 소파는 물론 각종 오락기, 남성 잡지, 핫도그 등 남성고객의 흥미를 끌 만한 것들이 구비되어 있어 여성들이 넓은 이케아에서 마음껏 쇼핑하는 동안 남성들은 편히 쉴 수 있도록 했다. 게다가 여성고객에게 30분마다 알람을 울려, 남성고객이 기다리고 있는 시간을 확인시켜 준다.

어찌 보면 그리 특별할 것도 없는 것들이지만, 이 작은 경험이 고객의 기억 속에는 특별한 경험으로 남게 된다. 그리고 훗날 이 경험을 기억하여 다시 그곳을 찾게 된다. 뭔가 특별하게 오랫동안 기억 속에 남아 지워지지 않는 그런 경험. 바로 이것이 그 기업을, 제품을, 서비스를 다시 찾게 하는 역할을 한다.

이러한 경험이 바로 고객경험관리의 시작점이다. 지금부터라도 고객경험관리에 관심을 가지고 서비스를 행한다면, 고객은 어느새 우리 곁에 더 가까운 친구로 다가와 있을 것이다.

부록 2

롯데백화점의
서비스웨어

부록

롯데백화점의
서비스웨어

롯데백화점은 점점 더 다양해지는 고객의 니즈를 유·무형의 서비스에 반영하기 위하여 다양한 접점에서 고객 지향 서비스를 제공하고 있다. 우수고객 서비스부터 글로벌 서비스까지 업계 서비스를 선도하는 롯데백화점의 서비스웨어Service ware에 대해 알아보자.

1. 고객 커뮤니케이션

가장 좋은 서비스는 고객의 의견에서 시작된다. 고객의 소리에 더욱 귀 기울이고자 고객 커뮤니케이션 채널을 고객상담실에서 온라인

VOCVoice Of Customer 시스템, 페이스북, 카카오톡 플러스친구 등으로 다양화하고 접근성을 높였다. 또한 접수된 고객의 의견을 수용하여 현장을 개선하기 위한 다양한 구성의 사내 협의체를 운영하고 있다.

■ 고객 커뮤니케이션을 통한 서비스 향상 노력

고객 소통 채널 : 고객상담실, VOC 시스템, 페이스북, 카카오톡 플러스친구

VOC 시스템

과거에는 컴플레인을 부정적으로 인식하여, 컴플레인 자체를 숨기거나 음성적으로 처리하는 사례가 있었다. 하지만 롯데백화점은 컴플레인에 대한 인식을 바꾸어 양성화시키는 노력을 해왔다. 고객의 컴플레인 역시 기업의 소중한 정보 자산이라는 생각 때문이었다.

그리고 현장에서 신속한 문제 해결을 위하여 관리자들의 처리 권한을 확대하였다. 고객의 불만상황이 발생하였을 때 관리자가 재량을 가지고 판단해 처리한 후, 사후 보고할 수 있게끔 권한을 위임하였으며 그 처리 비용도 기존보다 상향 조정하였다.

이렇게 관리되고, 처리되는 모든 고객의 의견들은 사내 사이트인 그룹웨어 내에 실시간 헤드라인으로 업데이트되어, 전 직원이 관심을 가질 수 있도록 공유하고 있다.

■ 도서 출판

《세심한 배려가 고객을 사로 잡는다》,《고객 감동은 우리의 행복입니다》등

6만 명이 넘는 백화점 근무자들과 고객들에게 롯데백화점의 서비스 가치와 실제 사례들을 공유하기 위하여 꾸준한 출판 활동을 하고 있다. 2012년 출판되었던《세심한 배려가 고객을 사로잡는다》에 이어 이번에 선보이게 된《10시 30분, 행복이 시작됩니다》도서 역시 롯데백화점의 서비스 감동사례와 서비스 코칭을 함께 엮어낸 고객과 백화점 근무자 모두를 위한 도서이다.

| 세심한 배려가 고객을 사로잡는다 (사외 도서) | 고객감동은 우리의 행복입니다 (사내 도서) |

2. 서비스 전문가 육성

'서비스의 힘은 사람에서 나온다.'는 믿음 아래 롯데백화점에서는 매월 직급별, 직책별로 변화하는 고객 니즈와 영업환경, 트렌드에 맞는 서비스 교육을 기획, 운영하고 있다. 또한 각 점에 소속되어 있는 서비스 담당자들은 현장서비스 관리를 위해 백화점에서 근무하는 모든 직원들을 대상으로 정기적, 수시적으로 교육을 진행하고 있다.

■ 직무별 서비스 전문 교육

서비스 관리 담당자를 위한 직무교육부터 고객의 불만을 가장 직접적으로 응대하는 상담실장, 그리고 우수고객 라운지에서 근무하는 라운지

담당자까지 각각의 직무 특성에 맞는 전문화 교육을 통해 체계적으로 현장 서비스 전문가를 육성하고 있다. MVG 라운지 담당자와 고객 상담실장, 서비스 사내강사와 같은 주요 서비스 담당자들은 주요 서비스 표준관리 기관들과 연계하여 대외인증 자격을 부여하고 있다.

전문 교육 과정 : 고객 서비스리더 사내강사 육성과정 / 고객 상담실장 전문교육 / 영업관리자 서비스 향상 과정 / VVIP 영업리더 인증 과정 / MVG 담당자 직무 전문과정 / 샵매니저 여성 리더 육성과정 등

VVIP 영업리더 인증 과정

■ 고객, 상품군별 맞춤 테마교육 (총 25과정)

업계 최초로 진행한 고객/상품군별 맞춤 서비스 교육은 저작권 등록까지 마친 차별화 교육 과정이다. 기존의 획일적인 서비스 응대 매뉴얼에서 벗어나 각각의 고객군과 상품군에 맞는 차별화 서비스가 필요하다는 취지에서 기획된 교육 전략이었다. 식품관 고객 맞춤 응대 서비스와 같은 과정은 매년 명절(설날, 추석) 전 교육을 정례화하여 현장을 지원하고 있다.

화장품 / 아웃도어 / 식품관 / 남성 / 시니어 / 유아동 / 예비부부 / 온라인고객 / 영플라자 / 고객 구매심리 / 얼굴 디자인 / 쿨서비스 등

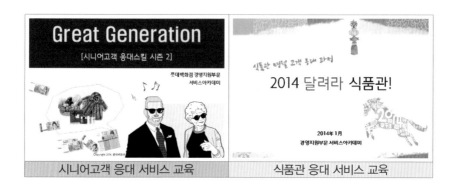

시니어고객 응대 서비스 교육　　　식품관 응대 서비스 교육

■ 우수고객 서비스 전문가 교육

롯데백화점의 우수고객에게는 차별화된 응대 서비스를 제공하기 위하여, 우수고객 라운지에 근무하는 직원들을 대상으로 전문가 육성 교육

을 진행하고 있다. VIP 고객의 특성을 이해하고, 전문화된 응대 서비스를 체득화 하는 VIP 전문가 인증과정, 프리미엄 식음 서비스를 제공하기 위한 국제 바리스타 자격과정, 베버리지 전문가 과정 등은 롯데백화점에서 독보적으로 진행하는 차별화 전문 과정이다.

본점 MVG 라운지

유럽 스페셜티 커피협회 국제 자격증	VIP 고객 전문가 인증서

3. 글로벌 서비스

■ 해외점 서비스 전파

롯데백화점은 '14년 10월 현재 해외 4개국(중국, 러시아, 베트남, 인도네시아)에서 8개 백화점을 운영하고 있으며, 2018년까지 해외에 20개점으로 확대하여 '글로벌 TOP 5 백화점'을 달성하는 비전을 가지고 있다. 이러한 비전에 맞추어 글로벌 서비스 인재육성과 시스템 개발로 세계 수준의 서비스 경쟁력을 구축하고 있다.

특히 2014년부터는 국내 최우수 서비스 담당자와 접점 실무자(MVG 담당자, 고객상담실장, 주차 담당자 등), 베테랑 샵매니저(구두, 화장품 등)들을 '글로벌 서비스 드림팀'으로 편성하여 해외점의 서비스 교육과 시스템 구축에 지원하고 있다. 이와 함께 해외에 있는 우수 서비스 담당자를 국내로 초빙하여, 한국 우수한 서비스를 체험하고 벤치마킹의 기회를 제공하는 국내연수 프로그램을 통해 국내외 서비스 교류를 지속하고 있다.

안내데스크 교육사진 (중국 션양점)

구두 착화서비스 전파

■ 외국인 고객 맞춤 서비스

국내에 방문하는 외국인 고객들이 증가하고 있어 '요우커'로 대표되는 외국인 고객을 위한 서비스 개발에도 박차를 가하고 있다. 이미 롯데백화점 안에서는 400명 이상의 외국인 판매사원이 근무하고 있고, 본점, 잠실점과 같이 요우커 고객이 많이 방문하는 점포에서는 층별로 전문 통역 직원들을 배치하여 쇼핑의 편의를 돕고 있다. 2012년부터는 요우커 고객 응대스킬 교육을 별도로 기획하여 중국인 고객 이슈점을 대상으로 진행하였고, 현장 근무자들이 따라 할 수 있는 기본 회화 교육과 맞춤 매뉴얼을 제작하여 배포하였다.

외국인 고객 통역사원 (본점)

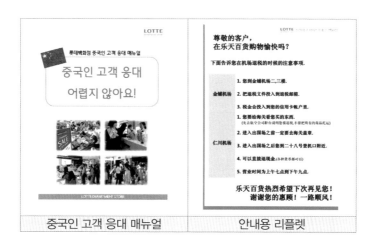

| 중국인 고객 응대 매뉴얼 | 안내용 리플렛 |

4. 문화 조성

행복한 직원이 고객을 행복하게 만든다고 한다. 자전거의 앞바퀴와 뒷바퀴가 함께 구르듯, 체계적인 서비스교육과 조직의 서비스 문화가 조화를 이룰 때 현장 서비스를 위한 원동력이 생겨난다. 롯데백화점에서는 현장 서비스 접점 직원들의 동기부여를 위하여 서비스 감동사례 공모전부터 우수사원 해외연수까지 다양한 프로그램을 통하여 서비스 문화 조성을 위해 힘쓰고 있다. 또한 내부 직원 간, 협력 업체 직원 긴에도 항상 친절하게 인사하고 에티켓을 유지하는 것이 서비스인의 자세라는 마음으로 사내 에티켓 캠페인도 지속적으로 진행하고 있다.

■ 문화 조성 프로그램 및 캠페인

고객서비스 감동사례 공모전, 러브레터 내부식원 간 스토리 공모전, 우수 샵매니저 해외연수, 서비스 Thank U 콘서트, 서비스 열정콘서트, 웃음 치료 과정, 웃는 얼굴 증명사진 캠페인, 아침방송 프로그램 제작, 롯데백화점 에티켓송 및 컬러링 제작, 영업본부 서비스 경연대회 등

우수 샵매니저 해외연수 (2014년 일본)

서비스 Thank U 콘서트

5. 재능 기부

롯데백화점은 2013년부터 '힘내라! 전통시장 캠페인'을 비롯하여 서비스를 통한 사회 공헌 협력 활동을 지속하고 있다. 전통시장의 취약점으로 꼽히는 '서비스' 부분에 대하여 교육과 매뉴얼 등을 지원하는 한편 전통시장 '아침방송 프로그램'과 '전통시장 약속관리 캘린더' 등을 제작 지원하였다.

또한 서비스 교육 시스템이 취약한 중소 협력 업체나 공공기관을 지원하여, 지속적으로 서비스 교육지원 활동을 펼치고 있다. 롯데백화점이 잘하는 서비스를 재능 기부함으로써 사회 공동체에 기여하려는 노력은 앞으로도 꾸준히 이어질 것이다.

협력 업체 서비스 교육 지원

전통시장 식기난타 +서비스교육	전통시장 맞춤 서비스 매뉴얼

서비스에는 '완성'이라는 단어가 없습니다

1979년 서울 시내의 중심인 명동 한복판에 롯데백화점 본점이 문을 열었습니다. 당시 한국은 개발의 문턱을 갓 넘은 상태로 경제상황이 좋지 않았습니다. 상품 자체를 구하기도 어려웠고, 백화점에서 취급할 만한 브랜드 자체가 많지 않았습니다.

백화점이 무엇인지, 무엇을 팔고, 어떤 서비스를 제공하는 공간인지에 대해 소비자들이 잘 몰랐던 시기이기도 합니다. 여전히 재래시장, 동네 슈퍼마켓, 주거단지의 상가가 주된 쇼핑 공간이었고, 쇼핑이 이루어지는 방식도 단순히 물건을 사고파는 행위에 불과했습니다. 그러다 보니 유통업체도 소비자의 요구를 반영하기보다 각 제조업체가 생산한 제품을 선별하여 매장에 내놓는 중개자 역할 이상을 하기 힘들었습니다. 생산자가 주도권을 가지고 있었던 것입니다.

그러한 환경 속에서 롯데백화점은 개점하는 순간부터 고객에게 다가가기 위해 노력했습니다. 무엇보다 고객에게 이전과 다른 쇼핑경험을 제공하고자 노력했습니다. 최고 수준의 상품만 선별해 입점시키고, 철저한 시장조사를 통해 소비자들이 무엇을 원하는지 파악하여 그에 맞는 상품을 준비했습니다. 마케팅 역시 생산자가 아닌 물건을 구매하고 쇼핑하는 고객에게 초점을 맞추었습니다.

　그렇게 시작된 고객 중심 마케팅은 '서비스'의 가치를 재발견하며, 고객이 쇼핑하는 동안 최고의 경험을 할 수 있도록 배려하는 수준으로 발전했습니다. 백화점이 단순히 '물건을 구매하는 곳'이 아니라 다른 사람들과 만나 어울리고 소통하며, 행복을 느낄 수 있는 공간으로 자리매김하게 된 것입니다. 어느 순간 '쇼핑'은 '소비'에서 생활의 '여가'로 발전했습니다.

고객 서비스가 일반화된 지금 '서비스'가 부재한 백화점은 상상하기 어려울 것입니다. 단정한 복장을 입은 직원이 매장에 들어설 때부터 미소로 반겨주면, 상품을 구매하기도 전에 기분이 좋아집니다. 기분 전환하고 싶은 오후, 특별히 필요한 물품이 없더라도 백화점을 약속장소 삼아 나와 보지 않으셨나요? 어느새 백화점에서의 기분 좋은 쇼핑은 생활 속의 자연스러운 즐거움이 되었습니다.

앞으로의 유통 서비스는 지금까지와 또 다른 변화를 겪게 될 것입니다. 고객이 변화하듯 타깃 고객군도 확대, 세분화되었고, 유통업태 자체도 다양해졌습니다. 외부 환경의 변화뿐 아니라 백화점에서 근무하는 직원들의 성향도 다양해졌습니다. 과거와 같이 매뉴얼에 의해 이루어지는 획일적인 서비스는 점점 자리를 잃어가게 될 것입니다.

12년 동안 국가고객만족도NCSI 백화점 부문 1위의 달성하고, 수많은 차별화 서비스를 선도했지만, 롯데백화점의 서비스는 여전히 '미완성'입니다. 롯데백화점을 사랑해주는 고객이 있는 한 분명 앞으로도 '미완성'일 것입니다. 고객의 만족에는 '완성'이 없기 때문입니다.

서비스란, 우리가 생각하는 것보다 훨씬 강력한 힘을 가지고 있습니다. 행복이 행복을 만들고, 배려가 또 다른 배려를 만들어 냅니다. 롯데백화점이 만들어 나가는 배려 깊은 서비스들이 세상을 더욱 행복하고 풍요롭게 만들기 바라며, 오늘도 현장에서 땀 흘리며 미소를 잃지 않는 모든 서비스인들에게 응원과 격려를 보냅니다.

- 롯데백화점 서비스혁신팀

10시 30분
행복이 시작됩니다

초판 1쇄 펴낸 날 | 2015년 6월 30일

지은이 | 롯데백화점 서비스혁신팀
펴낸이 | 이금석
기획 · 편집 | 박수진
디자인 | 강한나
마케팅 | 곽순식
경영 지원 | 현란
펴낸 곳 | 도서출판 무한
등록일 | 1993년 4월 2일
능복번호 | 제3-468호
주소 | 서울 마포구 서교동 469-19
전화 | 02)322-6144
팩스 | 02)325-6143
홈페이지 | www.muhan-book.co.kr
e-mail | muhanbook7@naver.com
가격 13,000원
ISBN 978-89-5601-391-6 (03320)